So ticken Jungs

OLIVER HILF
CORINNA STRENG

SO TICKEN JUNGS

MIT ILLUSTRATIONEN
VON ALEXANDER WEILER

THIENEMANN

Hilf, Oliver / Streng, Corinna:
So ticken Jungs
ISBN 3 522 17539 5

Konzeption, Gestaltung und Herstellung:
Hampp Media GmbH, Stuttgart
Einband- und Innenillustrationen: Alexander Weiler
Redaktion: Claudia Hentschke, Marion Krause und
Melanie Schölzke
Schrift: Excelsior
Satz: pws Print- und Werbeservice Stuttgart GmbH
Druck und Bindung: Friedrich Pustet, Regensburg
© 2002 by Thienemann Verlag
(Thienemann Verlag GmbH), Stuttgart/Wien
Printed in Germany. Alle Rechte vorbehalten.
7 6 5 4 3*   03 04 05 06

Thienemann im Internet: www.thienemann.de

INHALT

ACHTUNG, JUNGS!

Die spinnen, die Jungs!!! Sie sind laut, stürmisch und mackerhaft. Ihre Witze sind einfach nur peinlich und ihre Computermanie nicht auszuhalten. Ihr Wortschatz ist begrenzt – wenn man ihre Urlaute überhaupt als Worte bezeichnen kann. Und Superman würde blass vor Neid, wenn er ihre coolen Tricks draufhätte.

Kommt dir das alles sehr bekannt vor? Dann musst du ein Mädchen sein! Und bist hier genau richtig. Denn eigentlich sind die Jungs gar nicht so schrecklich, wie sie oftmals rüberkommen. Dass es für Mädchen aber durchaus schwierig sein kann, die Aliens vom anderen Stern richtig zu verstehen, liegt schon alleine daran, dass Jungs ...

* ... anders erzogen werden.
* ... eine andere Sprache sprechen.
* ... anders denken.
* ... anders fühlen.
* ... einen anderen Entwicklungsfahrplan haben.
* ... andere Fähigkeiten und Talente besitzen.

War es das schon? Natürlich nicht – deshalb findest du hier eine Anleitung, wie es sich besser mit diesen Fremdlingen aushalten lässt. Hier wird Schluss gemacht mit unnötigen Vorurteilen und großen Geheimnissen. Damit du in Zukunft nicht nur lässiger mit Jungs umgehen kannst, sondern sie auch besser verstehst. Und am Ende wirst du sie lieben – auf die eine oder andere Art!

Alles, was nötig ist, um Jungs besser verstehen zu lernen, ist ihren »Bauplan« zu kennen. Dabei geht es natürlich nicht um Äußerlichkeiten. Die kannst du ja jederzeit selbst abschätzen. Hier geht es um die so genannten »inneren Werte«. Aber wenn du erst einmal die Tücken kennst, ist der Umgang damit ganz einfach. Das ist genau wie mit dem Wackelkontakt in der Stehlampe. Einmal kurz angetippt und schon brennt sie. Wer allerdings diesen Trick nicht kennt, wird die Lampe kaum zum Leuchten bringen. So ähnlich ist es auch mit Jungs. Hast du sie erst einmal richtig »auseinander genommen« und wieder »zusammengesetzt«, wird dir keiner so schnell mehr etwas vormachen. Und mit einigen praktischen Tipps und Tricks bewaffnet, hast du das Wunderwerk »Junge« bald im Griff.

Bauplan Junge

Genau den kannst du auf den nächsten Seiten nach Herzenslust studieren. Damit du weißt, was dir bevorsteht, wenn du dich mit dieser Spezies anfreundest und/oder dich sogar verlieben solltest. Ist doch gut zu wissen, wie du im Ernstfall Pluspunkte sammelst, hartnäckige Verehrer behandelst und ganz schnell klärst, ob es deinen Traumprinzen auch erwischt hat.

Hilfe, ein Junge! Logisch, dass sich ein echter Profi in puncto Jungs dafür interessiert, wie und wozu sie sich im Alltagsleben bewähren. Und egal, ob guter Freund oder große Liebe: In beiden Fällen kannst du eine große Wundertüte voller Überraschungen erleben, wenn du einen Jungen an deiner Seite hast. Was du dabei alles beachten solltest, womit du wirklich rechnen kannst und was so gar nicht bei Jungs ankommt, findest du im Kapitel »Das haben Jungs drauf!«. Und auch, warum aus dem süßen netten Jungen von nebenan plötzlich eine Mischung aus Jim Carrey und

Godzilla werden kann. Denn zu echten Mutanten können sie schon werden, wenn es sie plötzlich »erwischt« hat. Klar, dass du dabei auch erfährst, was der »Liebescocktail« an Hormonen noch so alles im Körper anrichten kann.

Im Kapitel »Jungs unter sich« wird schonungslos aufgedeckt: Warum sind Jungs manchmal so blöd, wenn sie im Rudel auftreten? Was tun sie eigentlich, wenn sie sich alleine treffen? Und was ist so toll an LAN-Partys und Action-Videos? Außerdem gibt's den ultimativen Cliquentypen-Guide, der erklärt, wie wichtig auch die kleinste Rolle in einer Cliquenbesetzung ist. Und mit dem Extratest kannst du auch deinen Lieblingscliquentypen herausfinden.
Dass Jungs immer gewinnen wollen und dafür sogar ihren besten Kumpel in die Pfanne hauen würden, ist für Mädchen manchmal besonders schwer zu verstehen. Warum die Nachfahren von King Kong und Co. aber gar nicht anders können und die Natur ihnen sogar noch eine besonders dicke Haut mitgegeben hat, erfährst du hier ebenfalls.

Den richtigen Überblick über die »Jungs und ihre Macken« hast du allerdings erst, wenn du mal einen Blick ins Innere geworfen hast. Keine Panik mehr, wenn dein Traumprinz gerade mal wieder völlig unerwartet »durchdreht« oder supersensibel auf einen kleinen Spaß reagiert. Denn hier gibt's die vollständigen Infos zum männlichen Pubertätsplan ein-

schließlich seiner Tücken. Und falls das Gesamtprogramm »Junge« mal nicht richtig funktioniert: In der Rubrik »Wenn's mal kracht« gibt es Tipps, wie du ihn mit der richtigen Strategie ganz schnell vom Schmoll- auf Schmusekurs bringen kannst. Und wenn du dann auch noch weißt, warum er nicht sagt, was er wirklich denkt, und was er meint, wenn er redet, hast du den Kommunikationscode der Jungs geknackt und verstehst endlich, wie du richtig gut mit ihm quatschen kannst.

Höchste Zeit also für die »Risiken!«, die bei falscher »Pflege« schnell entstehen können. Was tun, wenn er sich durchaus nicht abweisen lässt und seine Korb- sammlung bald ins Guinness-Buch der Rekorde gehört? Außerdem viele Tricks, wie die Jungs doch noch versuchen, ihre »Miss Zuckersüß« zu überreden. Natürlich nicht fehlen dürfen Informationen, wo du auf die Spezies Jungs triffst, also wann und wo du am besten Jungs kennen lernen kannst. Damit du leichtes Spiel mit dem »Mein-Gott-ist-der-süß-Typen« hast, findest du im Kapitel »Gewusst wo!« auch eine kleine Flirttypologie, mit der du dein Ziel erreichst.

Falls du dich allerdings bei deiner Auswahl mal »ver- griffen« haben solltest, gibt's im letzten Kapitel wertvolle Tipps, wie du deinen (Alb-)Traumprinzen wieder loswirst, ohne verbrannte Erde zu hinterlassen. Mit den wichtigsten Tipps zu den Dos und Don'ts, die dir eine stressfreie Zeit und deinem Verflossenen eine Erholungsphase garantieren. Damit ihr euch auch später wieder in die Augen schauen könnt, ohne ständig ans Kriegsbeil zu denken. Aber in solch eine Situation wirst du mit Sicherheit sowieso nicht mehr kommen, sobald du die letzte Seite dieses Buches gelesen hast. Denn dann bist du das, was garantiert jedes Mädchen gerne sein möchte: eine echte Fachfrau in Sachen Jungs!

Der kleine Unterschied

Obwohl sich schon Neugeborene anatomisch ganz klar als Junge oder Mädchen ausweisen können, werden die Racker zusätzlich auch noch äußerlich auf ihr Geschlecht festgelegt. Bereits im Kreißsaal werden sie entweder in Baby-Blau oder Baby-Rosa eingekleidet. Und selbst das Namensbändchen leuchtet in den Farben »Junge« oder »Mädchen«.

Dabei wären die kleinen Schreihälse auch ganz leicht an ihrer Stimmlage zu identifizieren: Denn Mädchen schreien eindeutig nicht nur in höheren Stimmsphären, sie haben auch mehr Ausdauer beim Brüllen. Manche Kinderärzte begründen dieses Phänomen mit unterschiedlich dicken Stimmbändern bei Mädchen und Jungen, sind sich aber nicht einig, wer von beiden die schmaleren bzw. breiteren hat. Erziehungswissenschaftler halten das für Blödsinn! Obwohl auch sie zugeben, dass bereits in den ersten Lebensmonaten eine Festlegung beim Verhalten auf die unterschiedlichen Geschlechter passiert. Ganz einfach deshalb, weil – auch unbewusst – Mädchen und Jungs anders von ihren Eltern und nächsten Bezugspersonen behandelt werden. So haben Untersuchungen ergeben, dass mit Mädchen viel häufiger geschmust wird, während man mit Jungs viel mehr tobt.

Auch in der Auswahl des ersten Spielzeugs wird zu typischen Mädchen- bzw. Jungsprodukten gegriffen. Großeltern, Onkel oder Tanten stehen besonders schnell mit der ersten Puppe oder dem ersten Auto vor der Tür. Und wenn die Knirpse größer werden, orientieren sie sich automatisch am gleichen Geschlecht.

Kleine Mädchen interessieren sich dabei für die Rolle von Mamas und spielen Küche und Co. Jungs schauen eher dem Papa über die Schulter und helfen beim Autowaschen oder Rasenmähen. Und in ihrer Freizeit gehen Jungs zum Fußball, während Mädchen gerne ins Ballett geschickt werden.

Unterschiedliche Entwicklungen werden allerdings nicht nur von Eltern und anderen Erwachsenen gefördert – bei verschiedenen Fähigkeiten bestimmen Mädchen und Jungen ihr eigenes Tempo! So glänzen Mädchen im Vorschulalter mit feinmotorischer Geschicklichkeit, sie können besser basteln oder malen, während Jungs eher als Grobmotoriker ihre Umgebung unsicher machen und schneller Fahrrad fahren lernen oder besser klettern können. Der Mix aus angeborenen und erworbenen »Qualitätsmerkmalen« bei Jungs und Mädels führt also dazu, dass spätestens im Pubertätsalter Gemeinsamkeiten zwischen Jungs und Mädchen echte Mangelware sind.

Auf den ersten Blick also keine leichte Sache mit den Jungs: Denn wer weiß schon, was bei ihnen so alles im Kopf herumschwirrt? Beim Antesten des unbekannten männlichen Wesens sind deshalb ganz klar jene Mädchen im Vorteil, die (größere) Brüder oder eine Menge Sandkastenfreunde haben.

Wie viel Ahnung von Jungs hast du?

Wie viel Ahnung hast du eigentlich von den Aliens vom anderen Stern? Wie fit du bereits im Umgang mit den Jungen bist, kannst du durch Ankreuzen jeweils einer Antwort im folgenden Test checken.

1 **Was ist für dich das erste Anzeichen, dass ein Junge sich für dich interessiert?**

A Wenn er mich anlächelt und Blickkontakt mit mir sucht.

B Wenn er meine Freundinnen über mich ausquetscht.

C Wenn er mich anmacht und mich anspricht.

2 **Der Typ, den du supersüß findest, spielt gerne Fußball. Als du beim letzten Spiel seiner Mannschaft zugeschaut hast, ging's drunter und drüber. Nach einer Fehlentscheidung des Schiedsrichters haben sich die Jungs total gezofft. Was sagst du dazu?**

A Die Jungs wollen halt immer die »Besten« sein. Da kann der Ehrgeiz schon mal mit ihnen durchgehen. Und außerdem kann man sich schon mal wehren, wenn der Schiri einen Fehler macht.

B Ich denke, die Jungs können wahrscheinlich einfach nicht verlieren.

C Das kann ich nicht nachvollziehen – es ist doch nur ein Spiel.

3 **Glaubst du, dass Jungs untereinander auch über Liebe und Zärtlichkeit sprechen?**

A Mit ihrem besten Freund ganz sicher.

B Vielleicht, aber sicher total anders als Mädchen.

C Nein, das kann ich mir echt nicht vorstellen.

4 Der Typ, auf den du stehst, spielt wahnsinnig gerne Actionspiele auf dem Computer. Und harten Techno hört er auch ... Glaubst du, er könnte trotzdem eine romantische Ader haben?

A Klar, seine Hobbys haben doch damit nichts zu tun.

B Vielleicht, aber da bin ich mir nicht sicher.

C Nee, wer Ballerspiele mag und so 'ne Musik hört, kann gar nicht romantisch sein.

5 Du findest einen Jungen total süß. Ihr wart schon ein paar Mal gemeinsam unterwegs, hattet superviel Spaß und sein letzter Abschiedskuss hatte es wirklich in sich. Nur von verliebt sein hat er bisher noch nicht gesprochen. Warum wohl?

A Jungs reden eben nicht gerne über Gefühle.

B Vielleicht ist er sich noch nicht sicher.

C Wahrscheinlich bin ich nur ein Zeitvertreib für ihn.

6 Du bist mit deinem großen Schwarm unterwegs und er trifft seine Kumpels. Sie pflaumen sich gegenseitig an und lachen dabei. Warum machen sie das?

A Das verbale Kräftemessen gehört bei den Jungs einfach dazu – sie machen das nur aus Spaß.

B Das habe ich ihn auch gefragt.

C Manchmal ticken sie halt nicht richtig.

7 Du hast deinem Freund gerade ein wirklich liebes Kompliment gemacht. Und seine Antwort: ein blöder Spruch. Warum tut er das wohl?

A Ist doch klar – aus purer Verlegenheit.

B Weil ich ihm ziemlich selten Komplimente mache.

C Na, weil er völlig unsensibel ist.

8 Glaubst du, dass Zärtlichkeit für Jungs
genauso wichtig ist wie für Mädchen?
A Ja, für die meisten schon.
B Für einige bestimmt.
C Nein, Jungs stehen nicht so auf Zärtlichkeit.

9 Warum glaubst du, haben Jungs Probleme
damit, ihre freundschaftlichen Gefühle zu
ihren Kumpels zu zeigen?
A Weil sie Angst davor haben, als schwul
bezeichnet zu werden.
B Vielleicht weil es einfach nicht ihre Art ist.
C Weil sie Gefühlsmuffel sind.

10 Warum werden Jungs seltener rot als Mädchen?
A Wenn es wirklich drauf ankommt, werden
Jungs genauso schnell rot wie Mädchen.
B Sie sind nicht ganz so empfindlich wie
Mädchen und haben eine »dickere« Haut.
C Weil sie einfach viel cooler drauf sind.

11 Bei eurem ersten gemeinsamen Videoabend
hat dein Traumprinz bei einer traurigen Sze-
ne feuchte Augen gekriegt. Was denkst du?
A Ist doch süß, dass er so gefühlvoll ist.
B Hoffentlich ist es ihm nicht peinlich.
C Dass er ein ziemliches Weichei ist.

12 Im Fernsehen läuft ein wichtiges Fußball-
spiel des Lieblingsvereins deines großen
Schwarms. Für die nächsten 90 Minuten bist
du abgemeldet. Wie findest du das?
A Ist doch o.k. Ich habe ja schließlich auch
meine Lieblingssoap, die ich mir gerne
ungestört ansehe.
B Ich weiß, dass Fußball für ihn wichtig ist.
Aber ich sollte eigentlich wichtiger sein.
C Ich kann überhaupt nicht verstehen, was
Jungs an dem blöden Spiel so gefällt.

13 **Kannst du dir vorstellen, dass Jungs unter-
einander auch über Themen wie Outfits,
Trends und Stars reden?**
A Warum denn nicht?!
B Über Trends vielleicht schon, aber nicht
über den Rest.
C Nein, über so was reden Jungs bestimmt nie.

14 **Jungs haben meist – im Gegensatz zu Mädchen – viel Spaß an Computern, Technik und
Elektronik. Woran liegt das?**
A Weil sie ein größeres technisches Verständnis haben und ihnen das Erkennen der
Zusammenhänge leichter fällt.
B Weil sie schon als Kinder immer mit allem
möglichen technischen Kram gespielt
haben.
C Haben sie eigentlich gar nicht. Das meinen
nur viele.

Auflösung

Überwiegend A-Antworten

Du kennst dich schon ziemlich gut mit den Jungs aus.
Du weißt ungefähr, wie sie denken, fühlen und han-
deln. Auch, dass sie sich in vielen Dingen von Mädchen unterscheiden. Selbst der coole Sprüchemacher
bekommt bei dir eine Chance, denn du weißt, dass
sich hinter seiner Fassade meist nur Unsicherheit ver-
birgt. Du zeigst Verständnis für einige Tücken der
Jungs. Im Umgang mit ihnen erkennst du ziemlich genau, was Jungs an Mädchen mögen und was sie total
nervt. Du flippst nicht gleich aus, wenn dein Freund
während eines Fußballspiels im Fernsehen wie ge-
bannt auf die Mattscheibe und nicht auf dich schaut.
Vielleicht hast du einen oder mehrere Brüder, von denen du die eine oder andere Besonderheit kennen gelernt hast. Oder du gehörst einer tollen Jungsclique an,
die dir einen tiefen Einblick in ihre Welt ermöglicht
hat. Auf jeden Fall bist du wegen deines natürlichen

Auftretens bei den Jungs sehr beliebt. Aber es gibt immer noch einige Details, die im Umgang mit den Jungs sehr nützlich sein könnten. In diesem Ratgeber kannst du dein bis jetzt schon beachtliches Wissen vertiefen und zur ultimativen Jungskennerin werden!

Überwiegend B-Antworten

Du blickst schon ganz gut durch – du weißt, was Jungs über Mädchen denken und wie sie fühlen, wenn sie verliebt sind. Du gehst relativ entspannt mit ihnen um. Wenn es dich allerdings so richtig erwischt hat, kann es doch noch zu Missverständnissen kommen. Jungs, mit denen du einfach mal so locker umgehst, sind dir natürlich vertrauter als der süße Knabe, den du gerade erst kennen gelernt hast.

Und dann wird dir klar, dass Jungs sich in der Clique ganz anders verhalten, als alleine an deiner Seite. Du brauchst noch etwas mehr Zeit, um herauszufinden, dass er genauso romantisch sein kann wie du, aber es eben anders zeigt. Wenn du also all dein »allgemeines« Wissen über Jungs einfach auch bei deinem »Mister Superschnuckelig« einsetzt, wirst du feststellen, dass sich viele Probleme ganz schnell in Luft auflösen werden. In diesem Buch findest du noch eine Menge Wissenswertes, Erstaunliches und Nützliches, das dir den vollen Durchblick verschaffen wird.

Überwiegend C-Antworten

Noch gibt es viele ungeklärte Fragen, was die Jungs betrifft. Sie sind für dich einfach noch etwas schwer zu verstehen, denn meist reagieren sie ganz anders, als du es dir vorgestellt hast. Außerdem fällt es dir noch schwer, dich in ihre Gedanken- und Gefühlswelt zu versetzen. Du denkst, dass sie genauso sind, wie sie sich manchmal verhalten: laut, protzig, obercool. Doch so ist es eben nicht: Jungs verhalten sich zwar anders als Mädchen, können aber genauso romantisch und sensibel sein. Sie verstecken ihre Gefühle oft nur unter einer rauen Schale. Lass dich jetzt nicht durch dieses Testergebnis verunsichern. In diesem Buch wirst du die wichtigsten Infos und letzten Geheimnisse der Jungs kennen lernen.

$a^2+b^2=c^2$

DAS HABEN JUNGS DRAUF

Freunde und das Drumherum

Dass Jungs zu
weit mehr gut sind, als Was-
serkästen zu tragen oder wie ein
Orang-Utan durch den Sportunterricht
zu jagen, hast du schon vermutet. Aber
die nachfolgende Übersicht wird dir
die ultimativen Möglichkeiten erst
richtig schmackhaft machen.

EIN GUTER FREUND

Es ist wohl eher ein Zufall, dass du ausgerechnet mit einem Jungen über den nervigen Mathelehrer redest. Oder ihm sogar von den Problemen mit deinen superspießigen Eltern erzählst. Aber vielleicht ist er gerade der Einzige, der mit dir den gleichen Nachhilfekurs belegt hat oder denselben Schulbus nimmt. Letztlich ist es egal, warum ihr euch ausgerechnet jetzt zusammenfindet.

Wir könnten ja Freunde sein

Solange ihr feststellt, dass ihr euch gut leiden könnt, ähnliche Interessen oder Hobbys habt oder einfach nur super miteinander reden könnt, ist alles in Ordnung. Denn das sind die besten Voraussetzungen für eine gute Freundschaft. Natürlich gibt es immer ein paar Schlaumeier, die steif und fest behaupten, dass eine Freundschaft zwischen einem Jungen und einem Mädchen nie und nimmer funktioniert. Aber einen wirklichen Grund, warum das so sein sollte, kann dir niemand nennen. »Früher oder später kommt ihr ja doch zusammen« oder »Jungs wollen immer nur das eine« sind nur ein paar der platten Sprüche, die euch vielleicht um die Ohren fliegen. Aber es gibt jede Menge Mädchen und Jungs, die sehr gut miteinander befreundet sind. Die sich vertrauen und gegenseitig helfen. Und das ist doch eine wirklich schöne Aussicht, oder?

Natürlich heißt das nicht, dass du deiner langjährigen Busenfreundin nun den Laufpass geben sollst. Denn die Freundschaft mit einem Jungen ist einfach anders. Das liegt schon alleine daran, dass Jungs sehr viel entspannter mit vielen Dingen umgehen als Mädchen. Während beispielsweise deine beste Freundin auch stets deine einzige sein will, hat ein Junge meist gar kein Problem mit »Konkurrenz«. Solange du da bist, wenn er dich wirklich braucht, ist alles in bester Ordnung.

Auch ist er nicht gleich bis in die Steinzeit beleidigt, wenn du mal was Tolles ohne ihn unternimmst. Deine Freundin würde das wahrscheinlich nicht ganz so locker sehen – und für die nächsten 300 Jahre ziemlich sauer sein.

Aber es gibt bei einer Freundschaft mit einem Jungen noch viele weitere Vorteile. So kannst du z. B. sicher sein, dass ...

* ... du eine ganze Menge über das andere Geschlecht erfährst.
* ... dein Fahrrad nie lange einen Platten hat.
* ... du die neuesten Fußballergebnisse bekommst.
* ... du das aktuellste Computerspiel hast.
* ... du einen Beschützer an deiner Seite weißt.
* ... du die nächste Mathearbeit mit links machst.
* ... du keine Angst mehr vor dem Nachbarshund hast.
* ... du länger ausgehen darfst.
* ... du immer weißt, was die Jungs gerade besonders cool finden.

Ich weiß was, was du nicht weißt!

Und wie könntest du besser hinter die Geheimnisse des anderen Geschlechts kommen als mit Hilfe eines guten Freundes? Doch auch für Jungs ist die Freundschaft mit einem Mädchen von unglaublichem Wert. Denn selbst wenn die Jungs sehr gerne die Wissenden spielen und sich häufig recht cool geben, sind sie im Umgang mit Mädchen meist doch sehr unsicher. Und deshalb sind sie auch für alle gut gemeinten Ratschläge und Hilfestellungen dankbar. Vor allem, wenn sie sich auch noch Hals über Kopf verliebt haben. Dann kommt die gute Freundin voll zum Einsatz.

Jungs schätzen an ihren weiblichen Kumpels auch, dass sie ...

* ... gute Zuhörerinnen sind.
* ... sie spontan in den Arm nehmen.
* ... Intuition (einen guten Spürsinn) haben.
* ... sie immer anpumpen können.
* ... fast immer Rat wissen.
* ... ihnen gute Aufsätze für die Schule schreiben können.
* ... immer erreichbar sind.
* ... sie einen Streit mit Worten schlichten können, bei dem Jungs schon längst den Boxhandschuh anhätten.

LIEBE

Natürlich haben Jungs noch mehr zu bieten als eine gute Freundschaft. Was ja schon eine ganze Menge ist. Doch das Programm für Fortgeschrittene heißt Liebe! Und davon können selbst Jungs nicht genug bekommen, wenn es sie so richtig erwischt hat.

Schmetterlinge im Bauch

Es gibt wohl kaum irgend etwas Schöneres, als wenn sich zwei Menschen verliebt haben. Wunderbare Dinge passieren plötzlich, und das tolle Gefühl von Leichtigkeit und purer Glückseligkeit lässt die meisten auf Wolke sieben schweben. Sachen, die extrem nervig waren, sind plötzlich unkompliziert. Und selbst Menschen, die noch gestern den ersten Preis als Ekelpaket des Jahres gewonnen hätten, sind – durch die rosarote Brille betrachtet – heute richtig dufte Typen. Doch das ist noch längst nicht alles. Glücklich Verliebte werden mit einem Mal superattraktiv. Sie sehen gut aus, die Augen strahlen, die Haare glänzen, und vor lauter Freude dringt so viel positive Energie aus ihnen heraus, dass man sich ihrer Ausstrahlung einfach nicht entziehen kann.

Die oder keine!

Warum sich zwei Menschen ausgerechnet ineinander verlieben, ist immer noch eines der größten Geheimnisse der Natur. Selbst die Betroffenen wissen keine wirklich schlüssige Antwort auf diese Frage. Und für Außenstehende ist manchmal die Wahl des Traumpartners gar nicht verständlich. »Was findet sie denn bloß an diesem komischen Kerl?« ist ein Satz, der dir sicher auch schon mal über die Lippen gekommen ist. Was ist es also, was das Verliebtsein startet? Ist es die Optik? Oder eher der Charme? Vielleicht ist es aber auch die Persönlichkeit, die alles entscheidet. Aber wahrscheinlich macht es – wie so oft im Leben – die Mischung aus, dass die Welt plötzlich auf dem Kopf steht.

Kettenreaktion

Eigentlich ist Verliebtsein eine rein biochemische Angelegenheit. Triffst du auf den Richtigen, entsteht in deinem Gehirn eine Kettenreaktion. Der dabei zu Stande kommende Hormoncocktail hat es voll in sich: Die Zusammensetzung von Endorphinen, dem Botenstoff Serotonin, dem Aufputschhormon Adrenalin sowie dem körpereigenen Dopamin sorgt für Hochstimmung und Wohlbefinden. Außerdem wirkt er schmerz- und angststillend, erhöht die Energie, lässt den Appetit vergehen, reduziert den Schlafbedarf, macht unruhig, schränkt das klare Denken ein und macht das Gehirn für neue Reize empfänglich.

Manchmal ist es so, dass sich zwei Menschen auf den ersten Blick verlieben. Genauso gut kann es plötzlich funken, wenn man sich schon etwas länger kennt. Mal sind die Gefühle extrem stark, mal schleichen sie sich eher langsam an. All das kann sehr schön und bewegend sein. Aber es kann auch passieren, dass das Verliebtsein ganz plötzlich wieder aufhört. Einfach so. Deshalb ist noch keiner besonders oberflächlich oder flatterhaft, wie böse Zungen so gerne behaupten. Die Gefühle führen ein Eigenleben. Und erzwingen kann man sie schon gar nicht. Am besten verlässt du dich auf deinen »Bauch« und akzeptierst die Gefühle, die sich gerade einstellen – ob das nun allen passt oder nicht.

SCHNURZELPURZELZUCKERSCHNECKENMÄUSCHEN

Dass Liebe auch erfinderisch macht, zeigen die vielen Kosenamen, die sich Jungs einfallen lassen, wenn sie auf Wolke sieben schweben und nur noch an ihre »Prinzessin« denken. Und das sind die Spitzenreiter:

SCHNECKENPUPS

KNUBBEL-BÄCKCHEN

BABY

ERDBEERCHEN

SCHNECKEN-MAUS

ZAUBERFEE

PRINZESSIN

GOLDSCHATZ

ZUCKERHASI

SWEETY

HASIPUPS

MAUSI

KLEINES

SCHNUCKEL

SCHATZIMAUSI

KUSCHEL-MAUS

ZUCKER-SCHNECKE

HASI

SCHNUCKEL-MAUSI

KNUFFEL

MUCKEL

SCHOKOMAUS

KRÜMEL

STERNSCHNUPPE

HONIG-MÄULCHEN

KLEINER SÜSSER VAMPIR

SCHNECKE

HAMSTER-BÄCKCHEN

VORSICHT, FALLE!

Ein Traum ist wahr geworden. Dein großer Schwarm und du – ihr seid bis über beide Ohren verliebt und glücklich wie nie. Die Welt könnte nicht schöner sein und am liebsten würdest du alle Menschen nur noch umarmen. Doch plötzlich, oh Graus, entpuppen sich an deinem Traumprinzen Macken, mit denen du gar nicht gerechnet hast. Jetzt bloß nicht gleich das Handtuch werfen! Denn glücklicherweise kannst du deinen Liebling mit ein paar kleinen Tricks schnell wieder in die richtige Spur bringen.

Nur noch du ...

Wenn ein Junge so richtig verknallt ist, möchte er natürlich am liebsten nur noch mit seiner Süßen zusammen sein. Gerade am Anfang des Verliebtseins vernachlässigt er deshalb auch schon mal seine Freunde und Hobbys. Das ist ganz normal. Es kann aber auch passieren, dass der Junge gar nicht mehr richtig zu seinem vorherigen Leben zurückfindet und seine ganze Energie nur noch in seine Freundin steckt. Und die findet ihn dann sicher nur noch langweilig.

Gegenprogramm:

Sicher ist es eine ganze Zeit lang mal so richtig schön, die uneingeschränkte Nummer eins zu sein. Es gibt niemanden, der ihn mehr interessiert und dein Wohl ist ihm das Wichtigste. Trotzdem, richtig gut für euch und eure Beziehung kann das auf Dauer nicht sein. Denn umso mehr er sein eigenes Leben aus den Augen verliert, umso kleiner und mickriger wird er sich fühlen. Schließlich braucht jeder Mensch einen eigenen Wirkungskreis, wo er Anerkennung und Beachtung findet.

Auch wenn er die von dir bekommt – eine tolle Note in der Mathearbeit oder ein Tor in der 87. Minute bringen sein Selbstbewusstsein richtig auf Vordermann. Und für dich bleibt er so natürlich auch interessanter als dieser Pantoffelheld, der nur hinter dir herschlurft und deine Tasche trägt. Also, schick deinen Auserwählten ruhig öfter mal zu seinen Kumpels oder seinem Lieblingssport. Er wird umso glücklicher und entspannter zurückkehren und dich noch inniger lieben.

Klammern, was das Zeug hält

Manche verliebte Jungs neigen dazu, ihre Freundin – einer südamerikanischen Würgeschlange gleich – festzuhalten. Sie wollen nur noch mit ihrem Schatz zusammen sein. Ein belagerungsähnlicher Zustand tritt ein, sie rufen ständig an und löchern mit Fragen wie: »Wo warst du?«, »Wie lange dauert das?« und »Wann kommst du zurück?«, bis zum Umfallen. Sie sind rasend eifersüchtig und haben ständige Panik verlassen zu werden. Außerdem leiden sie stets und ständig, weil sie ihrer Meinung nach »viel mehr lieben« als die Partnerin.

Gegenprogramm:

Wenn man verliebt ist, sind natürlich die meisten dieser Punkte eigentlich ganz verständlich. Schließlich kriegt man gar nicht genug von dieser tollen Person, in die man sich so sehr verguckt hat. Wenn du allerdings kaum noch Luft holen kannst, ohne dich rechtfertigen zu müssen, ist es höchste Zeit, die Bremse zu ziehen. Denn kaum etwas lässt die Liebe schneller eingehen als das Gefühl, erdrückt zu werden. Vielleicht ist es deinem Freund ja noch gar nicht aufgefallen, dass er dich ziemlich einengt. Und bevor du den Notausgang nimmst, versuche es doch mit einem Gespräch. Nur wenn du ihm deine Gefühle erklärst, hat er auch eine Chance, sein Verhalten zu ändern. Schließlich gab es ja mal ein Leben vor eurem Zusammensein. Und wenn er auch noch versteht, wie wichtig es ist, dass auch du hin und wieder ein bisschen um ihn werben willst, seid ihr schon bald wieder ein echtes Topteam.

Vergiss Herkules

Beim Schweben auf Wolke sieben kann man schon mal leicht den Bodenkontakt verlieren. Sicher übertreiben Verliebte deshalb so gerne. Aber bei manchen Jungs wird's ganz schön heftig. Nun übertreiben die meisten Jungs sowieso schon gerne. Aber beflügelt von der Liebe ihrer Angebeteten werden einige von ihnen zu wahren Überfliegern. Dass das auf Dauer nicht gut gehen kann, liegt auf der Hand. Es sei denn, er heißt Clark Kent (besser bekannt auch unter dem Namen Superman) ...

Gegenprogramm:

Sicher, es gibt ein paar Mädchen, die ganz schön auf große Sprüche stehen. Und ein bisschen Angeberei ist ja auch gar nicht so schlimm. Schließlich kann das ungemein die Phantasie anregen. Welches Mädchen träumt nicht gerne von dem schönen Prinzen auf weißem Ross oder dem großen Unbekannten, der stets zur Stelle ist, wenn's brenzlig wird. Das ist das eine. Falls es dir aber zu viel wird, was dein Superman so alles kann, und du vor Peinlichkeit am liebsten im Boden verschwinden würdest, wenn er von eurem letzten Abenteuer erzählt, dann solltest du etwas unternehmen. Ein klares Wort von dir kann so manches »natürliche« Wunder vollbringen. Denn schließlich will dein großer Schwarm, dass du stolz auf ihn bist. Bestimmt hat er in dem einen oder anderen Punkt eine tolle Begabung oder ein großes Talent. Und wenn ihr in eurer gemeinsamen Freizeit öfter mal was unternehmt, wo er seine tollen Taten so richtig ausleben kann, gibt's auch wieder genug Gesprächsstoff für ihn, wenn er bei seinen Kumpels mal wieder so richtig Gas geben will ...

Unglücklich verliebt

Auch das kann natürlich mal passieren: Du stellst fest, dass der nette Junge aus der Nachbarklasse unsterblich in dich verliebt ist. Zwar fühlst du dich unheimlich geschmeichelt, kannst aber seine Gefühle nicht erwidern. Denn auch wenn du ihn wirklich nett findest und ganz gerne mal mit ihm plauderst – zum Verlieben reicht es einfach nicht. Was also tun, um dem Unglücksraben das ultimative Nein klarzumachen?

Schreib es ihm!

Mit dieser Möglichkeit vermeidet ihr die Situation, euch in die Augen schauen zu müssen. Denn das direkte Gespräch kann für den Betroffenen schmerzlich und für beide richtig unangenehm sein. Gerade, weil du dem unglücklich Verliebten ja nicht unbedingt noch mehr zusetzen möchtest. Mach in deinem Brief aber ganz deutlich, dass du seine Gefühle nicht erwiderst.

Auf ein Wort!

Manchmal ist eine direkte Aussprache die wirkungsvollste Weise, eigene Gefühle deutlich zu machen. Um die Gefühle deines Gegenübers nicht zu verletzen, solltest du zwar deutliche, aber keine abwertenden Worte wählen. Dass du euch beide nicht auf Wolke sieben schweben siehst, kannst du auch ganz nett sagen – und vielleicht könnt ihr später sogar noch gute Freunde werden ...

Rede du mit ihm!

Auch eine Möglichkeit: der beste Freund als Flüstertüte! Natürlich kannst du auch seinen Lieblingskumpel um Hilfe bitten, die Anti-Liebesbremse zu ziehen. So stellst du auf jeden Fall sicher, dass das Trösteprogramm dem verschmähten Liebhaber auch gleich mitgeliefert wird. Denn seinem Freund wird gewiss was Tolles einfallen, wie er ihm die rosa Flausen aus dem Kopf schlägt.

JUNGS UNTER SICH

So funktionieren sie

Was geht
bei den Jungs eigentlich
so ab, wenn sie unter sich sind?
Worauf stehen sie ganz besonders
in ihrer Freizeit? Hier erfährst du,
was du schon immer über die Jungs
wissen wolltest und warum sie
genau so und nicht anders
funktionieren.

WAHRE FREUNDSCHAFT

Ein gewohntes Bild: Jungs rotten sich ständig zusammen! Im Pulk fühlen sie sich pudelwohl. Dann tanzt der Bär und der wilde Haufen ist kaum noch zu bremsen. Auf den ersten Blick sind beste Freunde nicht sehr viel anders als beste Freundinnen. Gegenseitiges Verständnis, Aufrichtigkeit und – selbst wenn die Jungs es niemals zugeben würden – eine gehörige Portion Zuneigung gehören zu einer Jungsfreundschaft.

Zutritt verboten!

Was bei den Jungs untereinander wirklich abgeht, findet in der Regel hinter verschlossenen Türen statt. Und da heißt es natürlich knallhart: Für Mädchen verboten! Doch wir wagen mal einen Blick durchs Schlüsselloch, um zu sehen, was die Jungs am liebsten so treiben.

Quasselthemen

Natürlich unterhalten sich gute Freunde über Dinge, über die man sich in der Öffentlichkeit – insbesondere in der Anwesenheit von Mädchen – nicht auslässt. In ihren »Männergesprächen« quatschen die Jungs auch schon mal über ihre Gefühle, wie sie momentan wirklich drauf sind und was sie total nervt. Sie geben ihrem besten Freund preis, auf welches Mädchen sie stehen, und holen sich ein paar Tipps, wie sie weiter vorgehen könnten. Und natürlich spricht »Mann« auch ausgiebig über Sex. Es geht dabei zwar nicht unbedingt um jedes noch so klitzekleine Detail, aber unauffällig holt man sich doch gerne Ratschläge zum Thema Nummer eins. Gerade wenn der Freund schon etwas mehr Erfahrung auf diesem Gebiet mitbringt, hat man die eine oder andere, selbstverständlich »lässig verpackte« Frage.

Ziemlich rüde Lästerei

Wie gute Freundinnen miteinander umgehen, weißt du ja. Bei den Jungs gibt es da allerdings einen kleinen, aber nicht gerade feinen Unterschied: Auch zwischen besten Freunden ist es normal, dass man ganz locker miteinander umgeht. Aber dabei fällt auch ein ums andere Mal ein lässiger Spruch oder man pöbelt sich ein bisschen an. Das ist dann wirklich nicht böse gemeint, sondern gehört einfach zum gemeinsamen Umgang.

Natürlich wird auch abgelästert, was das Zeug hält, denn das ist selbstverständlich auch Teil einer coolen Männerfreundschaft. Da wird gnadenlos über die neue Frisur und die seltsamen Stöckelschuhe einer

Mitschülerin hergezogen. Und die Ex von einem der Kumpels hat sowieso geschielt und mit ihrer schrillen Lache selbst das härteste Unkraut zum Verwelken gebracht … Ach ja, und beim letzten Fußballspiel … Du kannst dir ja denken, wie das Gespräch weitergeht. Fußball haben sie nun mal als ein Hauptthema abonniert.

Fass mich bloß nicht an!
Wenn es darum geht, seine freundschaftlichen Gefühle gegenüber dem Kumpel zu zeigen, da setzt es bei den meisten Jungs aus. Den besten Freund mal **auf** den Arm nehmen: kein Problem. Ihn aber mal **in** den Arm nehmen: um Gottes Willen! Nein! Die Gefahr, als schwul zu gelten, ist einfach zu groß. Denn für Jungs gibt es in der Pubertät nichts Grausigeres als das Gerücht, man könnte auf andere Kerle stehen. Sich gegenseitig auf die Schulter klopfen, sich lässig zur Begrüßung die Hand schütteln: alles o. k., aber umarmen: niemals!

Darüber können Jungs voll ablachen

* Über den Sportlehrer, der das letzte Mal vom Reck gefallen ist
* Über den Klassenstreber, der beim Ausfragen nervös mit seinen Händen in den Taschen spielt
* Über japanische Kult-Comics
* Über den Erdkundereferendar, dem bei der Prüfung die Landkarte auf die Füße gefallen ist
* Über einen Mitschüler, der versehentlich eine Glastür übersehen hat und voll dagegen gelaufen ist
* Über den letzten »Musikantenstadl« oder Volksmusik im Allgemeinen
* Über den »Schuh des Manitu«
* Über das letzte Mal im Café. Der Typ am Nebentisch war einfach zum Brüllen.
* Manchmal über Dinge, von denen keiner so wirklich weiß, warum ...

Das ist für Jungs gar nicht lachhaft

* Wenn ein gewagtes Skateboardmanöver voll in die Hose geht.
* Wenn das nagelneue Fahrrad gleich am ersten Tag einen Platten hat.
* Wenn die kleine Schwester aus Versehen die Festplatte des Computers gelöscht hat.
* Wenn man so richtig cool sein will, es aber irgendwie nicht klappt.
* Wenn man den spielentscheidenden Elfmeter über das Tor schießt.
* Wenn man im Winter vor allen Leuten auf dem vereisten Pausenhof voll auf den A... fällt.

WAS FREUNDEN SPASS MACHT

Jetzt hast du schon eine Menge über wahre Jungen-
freundschaften erfahren. Doch was treiben sie
eigentlich am liebsten in ihrer Freizeit? Was geht ab,
wenn Jungs sich zu zweit oder im Rudel treffen?

Sport

Tore schießen, coole Jumps, Gas geben! Ganz gleich,
welche Sportart – ob Fußball, Skateboard, BMX oder
Snowboarden –, Sport gehört zu den elementaren
Dingen eines jungen Jungenlebens. Denn dabei können sie ganz klasse ihre Klasse zeigen, ihre Kräfte
messen und jede Menge Spaß haben. Und wenn sie
den Mädchen mit ihren Höchstleistungen sogar imponieren können, dann ist alles bestens.

Zum Sporteifer der Jungs gehört natürlich auch, dass man
große Ereignisse gemeinsam
bestaunt. Da trifft man sich in
einer Horde und schaut sich das
Formel-1-Rennen im Fernsehen
an. Wenn der Lieblings-
fußballverein spielt, ist
»Mann« selbstverständ-
lich mit seinen Freun-
den im Stadion prä-
sent. Gemeinsam wird
angefeuert, was das
Zeug hält, und bei
einem Erfolg des
eigenen Vereins
wird bis zum
Abwinken ge-
grölt.

Computer

Wer keinen hat, kann nicht mitreden. Die meisten Jungs verbringen viel Zeit mit ihrer Kiste und motzen sie – sofern es die letzten Geburtstagsmoneten erlauben – mit allen Mitteln auf. Die neueste Software, die aktuellsten Treiber und eine mächtige Festplatte müssen schon drin sein.

Und dann geht's los: Eine der großen Leidenschaften sind logischerweise Computerspiele. Prinzessinnen befreien, böse Monster bekämpfen, schnellste Rundenzeiten im Formel-1-Boliden hinlegen und natürlich die High Scores der anderen überbieten, all das lässt die Herzen der Jungs höher schlagen. Jungs wollen große Helden und unerschrockene Abenteurer sein. Mit Computerspielen können sie diesen Wunsch voll ausleben.

Noch viel besser und megaangesagt: Im Pulk zusammen auf LAN-Partys sitzen, wo alle angeschleppten Computer der Jungs miteinander vernetzt werden. Ganz klar, hier geht es um das gemeinsame Beisammensein und um den Spaß. Doch auch der Wettkampf untereinander reizt die Jungs, wenn sie mittels Computer gegeneinander antreten können: Jeder von ihnen will schließlich der Beste sein. Aktuelle Cheats und Fachgespräche unter Computerkennern dürfen natürlich nicht fehlen.

Einfach nur abhängen

Manchmal hängen die Jungs einfach nur rum, machen irgendwelchen Unsinn und benehmen sich daneben. Dann sitzen sie ganz gemütlich im Einkaufszentrum oder im Café und beobachten das Geschehen. Wenn glücklicherweise Mädels hinter der Ecke aufkreuzen, werden Noten verteilt und – wie sollte es anders sein – dumme Sprüche abgelassen. Immer noch sehr beliebt unter den Jungs: Blondinenwitze. Weißt du eigentlich, warum Blondinenwitze immer so kurz sind? Damit auch Jungs sie verstehen.

Videoabende und Musik

Wenn's ordentlich ballert, rummst und scheppert, sind Jungs voll in ihrem Element. Sie stehen drauf, wenn es die Helden auf der Mattscheibe so richtig krachen lassen. Und wenn die Stars dazu noch coole Sprüche auf Lager haben, wird total abgelacht.

Bei heißen Samplern, fetten Beats und lauten Bässen gibt's was auf die Ohren. Musik hören macht Jungs jede Menge Spaß. Und dabei tauscht man untereinander CDs oder lädt sich MP3s runter.

Das langweilt Jungs

Liebesfilme

Gähn! Bei romantischen Filmen wechseln Jungs meist den Sender. Bei ihnen muss es richtig krachen. Und während die Mädchen bei »Titanic« dahinschmelzen, halten sich die Jungs nur mit Mühe wach.

Shoppingtouren

Zehn und mehr Läden hintereinander nach Klamotten durchforsten, sich in der Kabine rumdrücken und alle möglichen Fummel anprobieren? Da kommt bei Jungs wahrlich keine Freude auf. Zugegeben, für das neueste Computerspiel würden sie weite Wege gehen. Aber stundenlanges Einkaufen finden sie ganz schön öde. Für

Mädchen ist es kein Problem, eine gesamte Kollektion durchzuprobieren. Jungs dagegen wollen ihre Freizeit anders verbringen.

Familienfeste

Mit Tanten, Onkels, Cousinen, Vettern und Großcousinen an einer großen Tafel sitzen, Small Talk halten und den Schweinebraten loben: ein absoluter Launevermieser. »Mann« ist halt lieber unter sich. Und wenn die Verwandten dann auch noch das Thema Schule ansprechen, wird die Lage ernst. Aber da heißt es für Jungs und bestimmt viele Mädchen auch: Augen zu und durch.

Zimmer aufräumen

Ordnung muss sein! Jedoch alles zu seiner Zeit. Und da Zeit ein knappes Gut ist, wird das eine oder andere Mal nicht aufgeräumt. Eine besonders leckere Spezialität: Das unverspeiste Essen und Trinken von den Vortagen fängt allmählich zu riechen, sagen wir mal besser: zu stinken an. Wenn man dann kaum noch durch das Zimmer kommt, weil der Boden mit Krimskrams übersät ist – nicht selten steht dann die Mutter mit erhobener Faust in der Tür und droht mit Essensausschluss – beißen die Jungs doch in den sauren Apfel und schwingen den Putzlappen. Hin und wieder wirkt ein angekündigter Besuch des neuen Schwarms wahre Wunder. Plötzlich blitzt und blinkt es in der Bude.

CLIQUE: JEDEM EINE CHANCE

Kein Mensch ist gern allein – deshalb tun wir uns mit anderen zusammen. Schon im Kindergarten finden sich Sandkastenfreunde, die alles miteinander teilen und gemeinsam ihre Förmchen und Sandburgen gegen Widersacher verteidigen. Später trifft man sich in der Clique. Die ist nicht nur für Jungs, sondern auch für Mädchen wichtig.

Eine Clique hilft beim Erwachsenwerden: Man lernt von- und miteinander und erfährt, wie menschliche Beziehungen funktionieren. In der Gegenwart seiner Freunde fühlt man sich sicher und geborgen. Und wenn es jemandem schlecht geht, ist die Clique für einen da und kann Trost spenden. Nach dem Motto »Ja, das kenne ich, geht mir genauso« stehen die anderen mit Rat und Tat zur Seite.

Cliquentypen

Der entscheidende Punkt ist, dass man gemeinsam jede Menge Spaß hat. Wie viele sich in einer Clique zusammenfinden, ist letztendlich egal. Ganz besonders in gemischten Cliquen ist immer was los, und es wird nie langweilig. Ganz egal, ob Anführer oder Normalo – jeder spielt auf seine Art und Weise eine wichtige Rolle. Denn nur so kann eine Clique auch funktionieren. Hier findest du die Typologie der wichtigsten männlichen Cliquenakteure und die Gründe, warum jedes einzelne Cliquenmitglied wichtig ist.

Nur mit den Augen der anderen kann man seine Fehler gut sehen.

Chinesisches Sprichwort

DER ANFÜHRER

Das hat er drauf: Klar, er gibt den Ton an und entscheidet, was gemacht wird. Er sorgt dafür, dass das Wort »Langeweile« keine Bedeutung mehr hat. Dabei weiß er genau, was angesagt ist und was als Nächstes ansteht. Er organisiert die besten Partys und kennt Gott und die Welt. Und natürlich strotzt der Anführer vor Selbstbewusstsein.

Mädchen-Anziehungsfaktor: Kein Wunder, dass der Großteil der Mädchen auf diesen Typen steht. Denn je näher man ihm kommt, desto mehr rückt man selbst ins Rampenlicht. Das löst natürlich Bewunderung – und manchmal leider auch Neid – bei den anderen aus. Ein weiterer Pluspunkt: Er besitzt meistens eine tolle Ausstrahlung, die so manches Mädchenherz höher schlagen lässt. Und natürlich fühlt »frau« sich bei ihm sicher.

DER CHECKER

Das hat er drauf: Er hat immer den vollen Durchblick und weiß, was die Stunde geschlagen hat. Wenn es Probleme gibt, bewahrt er einen kühlen Kopf. Im Vermitteln und Verkuppeln liegen seine besonderen Stärken. Und gibt es mal so richtig Zoff, findet er einen Weg zum Schlichten. Manchmal ist er ein enger Vertrauter des Anführers – sein persönlicher Berater.

Mädchen-Anziehungsfaktor: So wie er sich gibt, gefällt er einfach vielen Mädchen. Er ist meistens schon ein bisschen älter als die anderen und beeindruckt die Mädchen mit seiner charmanten Art. Zudem besitzt er eine romantische Ader – und das kommt natürlich gut an. Selbst wenn er das Zeug dazu hätte: Die Rolle des Anführers interessiert ihn nicht. Er ist mit sich und der Welt zufrieden.

DER CLOWN

Das hat er drauf: Geht's ums Trainieren der Lachmuskeln? Bei ihm ist man genau an der richtigen Adresse. Schlechte Stimmung in Sicht? Hier tritt der Clown in Aktion und bringt mit originellen Ideen das Lächeln in alle Gesichter zurück.

Mädchen-Anziehungsfaktor: Für viele Mädchen kann auch er der Märchenprinz sein. Durch seinen Humor wird es sicher nie langweilig. Er ist locker drauf und nimmt nicht alles so tierisch ernst. Wenn man mit ihm zusammen ist, ist ein hoher Spaßfaktor garantiert.

DER FLIPPIGE

Das hat er drauf: Sein Motto ist: Einfach anders sein! Denn »normal« kann ja jeder. Er trägt schrille Outfits, hört schräge Musik und lacht über Witze, die man nur schwer versteht. Und wenn es ihm mal zu bunt wird, hat er kein Problem damit, die Clique zu verlassen. Er kann sehr gut mal alleine sein. Auf Unterordnen hat er absolut keine Lust, er geht seinen Weg, wie es ihm gefällt und wie er es für richtig hält.

Mädchen-Anziehungsfaktor: Der Reiz dieses Typen liegt auf der Hand: Er ist einfach total verrückt. Und das gefällt vielen Mädchen. Auch mit ihm kann man jede Menge Spaß haben. Allerdings muss man ihn manchmal ein bisschen bremsen, damit er nicht zu sehr ausflippt und Bodenhaftung behält.

DER NORMALO

Das hat er drauf: So gesehen: Er hat drauf, dass er eigentlich nichts drauf hat. Oder zumindest kann man nichts Offensichtliches erkennen. Der Normalo ist eben einfach mit von der Partie. Er gehört dazu, und ab und zu riskiert er sogar einen coolen Spruch. Er ist vielleicht ein stiller Genießer, der einfach nur nicht im Vordergrund stehen will. Ein Problem gibt es nur, wenn der Normalo zum Mitläufer wird und alles tut, was der Anführer sagt. Das kommt zum Glück nicht zu oft vor. Dazu gibt's ja noch den Checker, der das Ganze diplomatisch abbremst.

Mädchen-Anziehungsfaktor: Es muss ja schließlich auch Menschen geben, die nicht sonderlich auffallen. Und irgendwie hat der Normalo was Sympathisches und Süßes an sich. Auch seine Schüchternheit finden viele Mädchen anziehend. Und unter uns gesagt, Normalos sind die große Masse der Menschheit. Es gibt auch bei den Mädels jede Menge davon.

Auf welchen Cliquentypen stehst du?

1 **Was macht dir in der Clique am meisten Spaß?**
 A Ich will so richtig im Rampenlicht stehen.
 B Ich möchte gerne vernünftig über ernste Themen sprechen.
 C Das Beste ist: einfach ablachen, bis der Arzt kommt, und gemeinsam Spaß haben.
 D Ich will ständig was Neues erleben.
 E Ich möchte einfach nur dazugehören.

2 **Es geht ab in den Sommersonnenurlaub! Auf welches Reiseutensil möchtest du auf gar keinen Fall verzichten?**
 A Mein Schminkzeug!
 B Na, die Sonnencreme natürlich.
 C Meine aufblasbare Palme!
 D Mein schrilles Oberteil.
 E Ein tolles Buch zum Schmökern.

3 **Was glaubst du, sagen die anderen über deine Figur?**
 A Natürlich, dass ich eine gute Figur habe.
 B Nicht viel. Ich halte mein Normalgewicht.
 C Ha, ha! – die sollen erst mal selber in den Spiegel schauen.
 D Ist mir doch egal.
 E Weiß ich nicht genau. Vielleicht lästern sie ja über meine schlechte Figur.

4 **Was glaubst du, mögen deine Freunde an dir am meisten?**
 A Sie finden mich bildhübsch und cool.
 B Dass man sich auf mich verlassen kann.
 C Dass ich total gut drauf und superlustig bin.
 D Dass ich einfach anders als die anderen bin.
 E Keine Ahnung, darüber habe ich noch nicht nachgedacht.

5 **Du bleibst im Fahrstuhl stecken. Wie kriegst du die Situation in den Griff?**

A Am liebsten würde ich jetzt losheulen.

B Ich suche nach dem Alarmknopf oder schaue, ob ich mit meinem Handy Empfang habe, um Hilfe zu holen.

C Jetzt bloß keine Panik! Also – abwarten und Tee trinken, bis mich jemand rausholt.

D Ich hämmere wie eine Wilde gegen die Wand.

E Ich rufe immer wieder um Hilfe. Irgendwann wird mich schon jemand bemerken.

6 **Was wäre deine Traumrolle in einem Märchenfilm?**

A Spieglein, Spieglein, an der Wand ... – ich bin die schöne Prinzessin.

B Ich bin eine weise Zauberin, bei der die anderen Rat suchen.

C Eine lustige Fee.

D Eine Hexe mit Besen und so ...

E Die Dienerin, die der schönen Prinzessin treu untergeben ist.

7 **Wie sieht dein Lieblingsoutfit aus?**

A Es soll voll im Trend sein.

B Hauptsache, es ist schick und nicht schräg.

C Egal – ich bin auch so gut drauf.

D Schrill, knallig, auffällig muss es sein.

E Am liebsten trage ich lässige Streetwear.

8 **Welchen dieser Stars magst du am liebsten?**

A Bruce Willis

B David Boreanaz (Angel)

C Michael Mittermaier

D Robbie Williams

E Sasha

Auflösung

Überwiegend A-Antworten
Klarer Fall! Du fühlst dich am wohlsten, wenn dich die anderen bewundern. Für dich muss ein bisschen Show einfach sein. Der Cliquentyp, der dich dabei am meisten reizt, ist der Anführer. Denn zusammen mit ihm kommt deine Schokoladenseite am besten zur Geltung. Normalos sind nicht unbedingt deine Welt, du stehst eben mehr auf richtig coole Typen.

Überwiegend B-Antworten
Keine Frage, der Checker hat es dir angetan. Auf ihn ist eben in den allermeisten Fällen Verlass. Schräge Typen und coole Sprüche lassen dich relativ kalt. Du legst eher Wert auf einen Typen, der weiß, wovon er spricht, und mit dem man vernünftige Gespräche führen kann.

Überwiegend C-Antworten
Gute Laune und so viel Spaß wie möglich sind für dich superwichtig. Keine Frage also, mit wem aus der Clique du am meisten Spaß hast? Mit dem Clown natürlich. Und selbst wenn du mal schlecht drauf bist, wird er dich mit Sicherheit aufheitern.

Überwiegend D-Antworten
Schrill, schriller, am schrillsten – nach diesem Motto lässt es sich aushalten. Ein Spießer hätte kaum Chancen, deine Nummer eins zu werden. Der Flippige lässt dein Herz höher schlagen. Denn mit ihm ist kein Tag wie der andere.

Überwiegend E-Antworten
Deine Rolle in der Clique ist nicht gerade oscarverdächtig. Aber das bereitet dir auch nicht unbedingt Kopfschmerzen. Du fühlst dich wohl in der Clique und bist einfach nur froh, dabei zu sein. Dann kannst du mit dem Normalo das Cliquenleben in aller Stille genießen. Man muss ja nicht unbedingt im Rampenlicht stehen. Das Wichtigste ist doch, dass einen die anderen akzeptieren.

HÖHER, WEITER, SCHNELLER!

Manchmal ist es ganz schön nervig, wenn sie schon wieder so richtig vom Leder ziehen. Sagenhafte Leistungen wurden vollbracht, sportliche Rekorde gebrochen – und obendrein auch gleich noch die Welt neu erfunden. Und dass es mit dem Wahrheitsgehalt ihrer mündlichen Ausführungen meist nicht weit her ist, hast du längst kapiert. Doch woran liegt es, dass Jungs immer die Ersten sein wollen?

Wissenschaftler und Psychologen fanden heraus: Jungs müssen so sein! Das ständige Kräftemessen haben sie quasi noch von ihren männlichen Vorfahren aus der Steinzeit. Doch während sich Widersacher vor Millionen von Jahren einfach eins mit der Keule über den Kopf gezogen haben, um zu zeigen, wer der Größte ist, wählen Jungs heutzutage glücklicherweise »zivilisiertere« Formen des Kräftemessens. Deshalb ist es für manche Jungs gnadenlos wichtig, ...

* ... den neuesten MP3-Player zu haben.
* ... die lässigsten Klamotten zu tragen.
* ... am weitesten pinkeln zu können.
* ... die meisten Highscore-Listen anzuführen.
* ... ihrem Sportidol gnadenlos nachzueifern.
* ... die beste Mathearbeit zu schreiben.
* ... die schwersten Gewichte zu stemmen.
* ... die meisten Tore zu schießen.
* ... das angesagteste Label zu tragen.
* ... die hübscheste Freundin zu haben.
* ... die besten Sprüche zu klopfen.
* ... den härtesten Schlag beim »Hau den Lukas« zu haben.

Dem Erfindungsdrang von Jungs sind keine Grenzen gesetzt, wenn es darum geht, sich einen ersten Platz zu sichern. So kann auch ein Junge, der keine tolle Sportskanone ist, trotzdem beim Wetteifern mithalten, weil er dafür den besten Computer hat. Eigentlich ganz schön clever, im Vergleich zu den steinzeitlichen Höhlenmenschen mit ihren Keulen.

Bloß nicht nachlassen!

Für viele Jungs ist das Kräftemessen eine ganz normale Sache, wie etwa frühstücken. Dabei machen sie sogar vor ihrem besten Freund nicht Halt, wenn es darum geht, eine Schlacht zu gewinnen.

Natürlich hat das ganze Wetteifern auch eine unangenehme Seite. Denn es ist gar nicht so einfach, ständig Höchstleistungen vollbringen zu müssen. Es gibt sehr wohl Jungs, die sich schwer damit tun. Bereits im Kindergarten geht es bei »Jungsspielen« meistens darum, zu kämpfen und zu gewinnen. Egal, ob Cowboy und Indianer oder Fußball gespielt wird, am Ende muss es immer einen Sieger geben. Und zur Belohnung wird dieser »Held« dann mit Lob und Beifall überschüttet. So lernen Jungs sehr früh, dass sie gewinnen müssen, um Anerkennung zu ernten.

Daran ist ja eigentlich auch erst mal nichts Schlechtes. Auch Mädchen tun das. Allerdings lernen sie gleichzeitig, dass sie nicht ständig beweisen müssen, wie toll sie sind, um anerkannt zu werden.

Gar nicht lustig!

Es kann wahrlich sehr belastend sein, wenn man unter ständigem Erfolgsdruck aufwächst. Von Jungen wird erwartet, dass sie beim Sport, in der Schule oder bei ihrem Hobby »Leistung« bringen. Das setzt so manchen Jungen mächtig unter Stress. Die Angst, etwas nicht hinzukriegen oder einen Fehler zu machen, ist da manchmal ziemlich groß. Gerade weil Jungs befürchten, sich zu blamieren und ausgelacht zu werden, versuchen sie, immer alles richtig zu machen. Sie stehen dadurch oftmals so unter Druck, dass erst recht alles in die Hose geht. Und das ist dann natürlich doppelt frustrierend.

Mit diesen Tricks hilfst du ihm:

* Wenn er nur ab und zu mal unter Druck steht – keine Panik. Das tun fast alle Menschen. Und da muss auch er durch.

* Wenn er häufiger unter Druck steht, als es dir eigentlich notwendig erscheint, solltest du mal mit ihm darüber reden. Erkläre ihm, dass es vielleicht gar nicht erforderlich ist, weil z. B. seine Angebetete ihn auch ohne Orden und Ehrenurkunde toll findet. Oder – falls es um dich geht – mach ihm klar, dass du gar nichts Besonderes von ihm erwartest. Manchmal ist weniger mehr.

* Wenn ein Junge andauernd unter Druck steht, kann irgendwas in seinem Leben nicht stimmen. Denn Dauerstress ist keine normale Reaktion mehr. Sicher hat dieser Junge größere Probleme mit seinem Selbstwertgefühl. Das kann so weit gehen, dass ihm irgendwann gar nichts mehr Spaß macht, er sich abkapselt oder zum Außenseiter wird. Hier solltest du ihn unbedingt dazu ermutigen, das Gespräch mit Erwachsenen, die dafür geschult sind, zu suchen. Ob das mit dem Vertrauenslehrer eurer Schule ist oder mit jemandem von einer Beratungsstelle für Jugendliche, ist erst einmal egal. Denn sicher gibt es eine Lösung für seine Probleme.

Ordnung muss sein!

Ordnung halten ist für Mädchen gar nicht so schlimm. Jungs tun sich da viel schwerer, wenn eine Situation mal nicht klar strukturiert ist. Sobald niemand eindeutig das Sagen hat, fangen sie sofort an, rumzurangeln, bis eine Rangordnung feststeht. Deshalb ist es auch so wichtig, dass innerhalb einer Clique die Rollen exakt festgelegt sind. Um mit ihrer eigenen Angst und Unsicherheit besser umgehen zu können, brauchen Jungs »ihren Chef«. Dann können sie sich entspannen. Dabei ist es aber wichtig, dass dieser Boss fair und gerecht ist. Denn dann können sie auf ihre Machoallüren verzichten und sich entsprechend ihrer Rolle unterordnen.

EIN HORMON?

Dass Jungs ständig und sogar gerne miteinander streiten und raufen, beobachtest du bestimmt täglich und kannst dir einfach nicht erklären, weshalb das so ist. Schon einmal vom Hormon Testosteron gehört? Es ist dafür verantwortlich, dass Jungs meist energiege-

laden, lautstark und rüpelhaft durchs Leben rennen. Dieses Hormon steuert das Muskelwachstum, hemmt die Fettentwicklung und sorgt dafür, dass bestimmte Hirnpartien schneller, andere langsamer wachsen. Außerdem ist Testosteron für die männliche Psyche zuständig. Wie sehr, zeigt eine berühmte wissenschaftliche Studie: Dabei stellten die Forscher nämlich fest, dass sich männliche Affen einer genau vorgegebenen Rangordnung unterwarfen. Während die weiblichen Affen sehr entspannt miteinander umgingen, gab es bei den Männchen klare Strukturen, wer Boss, Unterboss, Unterunterboss bis hin zum absoluten Weichei war. Zur Bestätigung der Rangordnung mussten immer wieder neue Kämpfe durchgeführt werden. Was taten die Forscher? Sie spritzten dem auf dem letzten Platz der Hierarchie stehenden Affen, also bislang dem Oberweichei, eine bestimmte Menge Testosteron und setzten ihn zurück in das Gehege. Dieser Affe begann sofort, mit seinen nächsthöheren Ranggenossen einen Kampf. Und siegte. Also kämpfte er gegen den Nächsthöheren und so weiter, bis er schließlich den Oberaffenboss höchstpersönlich vom Thron geschubst hatte. Dabei war dieser Affe eher klein und schmächtig. Aber durch die hohe Dosis an »Männerhormonen« hatte er es bis an die Spitze gebracht. Leider, leider, der Traum währte nicht ewig: Bedauerlicherweise hielt die Wirkung nicht lange an, und so wurde der kleine Held nun wieder durch die gesamte Hierarchie bis nach unten zurückgeboxt. Die Erkenntnis: Testosteron beeinflusst das Gehirn und stärkt die Rang- und Wettbewerbsorientierung der Jungs.

JUNGS UND IHRE MACKEN

Ein Blick ins Innere

Wenn es nur die Tatsache wäre, dass alles größer und länger wird, wäre das Mannwerden ja gar nicht so schlimm. Nur gemeinerweise spielen Körper und Gefühl manchmal nicht so mit, wie es das Gehirn gerne hätte. Und auch dem Verliebtsein und dem berühmten »ersten Mal« begegnen Jungs häufig mit gemischten Gefühlen.

MANN WERDEN

Auch wenn die Jungs sich äußerlich langsam in Richtung Mannsein verändern – die Stimme wird tiefer, erste Barthärchen sprießen lustig vor sich hin – fühlen sie sich innerlich noch lange nicht so. Gerade am Anfang der Pubertät sind die meisten von ihnen recht unsicher, was einen richtigen Mann ausmacht. Schließlich ist das Männerbild auch heute noch von steinalten Vorstellungen geprägt, wie ein Mann zu sein hat: stark, hart, aktiv, selbstständig, klug – ein echter Überflieger halt.

Und dummerweise verkaufen ja auch die Werbung und das Kino noch immer diesen »Superman«, der – stets bereit und auf das Unfassbare gefasst – auch in den brenzligsten Situationen immer noch einen supercoolen Spruch auf den Lippen hat. Logisch, dass sich Jungs ständig mit anderen Jungs und Männern vergleichen. Doch leider bringen diese Gegenüberstellungen meist gar nichts, denn da das Angeben und Protzen ja quasi »Männersache« ist, kann eigentlich nur Frust übrig bleiben. Denn klar hat der andere natürlich alles viel besser

drauf, ist superwitzig, hat einen tollen Körper, ist ein wahres Sportass, viel cleverer als alle anderen und – natürlich – der Schwarm aller Mädchen. Für einen Jungen, der vielleicht eher schüchtern, noch keine zwei Meter groß und – unvorstellbar – eventuell auch noch Brillenträger ist, muss so ein Vergleich fast einem Todesurteil gleichkommen.

Männlich – was ist das eigentlich?

Für den Großteil der Jungs ist das eine recht einfache Frage: Männlich sein heißt nämlich im Grunde genommen einfach nur das Gegenteil von weiblich sein. Das bedeutet, dass Jungs alles sein dürfen, nur nicht das, was sie sich unter »Weiblichsein« vorstellen. Dazu gehört neben stets hübsch, nett, weich und passiv sein immer nachgeben, pflegen, hegen und so weiter.

Ob Mädchen tatsächlich so sind oder so sein sollten, ist den Jungs erst mal völlig egal. Denn so ist eben anfänglich ihr Mädchenbild. Und eigentlich ist das nicht nur echt blöd, sondern auch noch extrem unfair für sie selbst. Denn umgekehrt ist es überhaupt kein Problem. Mädchen dürfen »echte« Mädchen sein und trotzdem auch so genannte »männlich« Attribute haben: Das gut aussehende nette Mädchen, das den Hochsprungwettbewerb gewinnt und auch noch zwischen Netzwerk- und ISDN-Karte unterscheiden kann, ist mit Sicherheit der Star bei den Jungs.

Aber wehe, ein Junge würde bei einer schlechten Note in Tränen ausbrechen oder seine Angst vor dem Blödmann aus der Nachbarklasse zeigen. Dann wäre er schnell bei seinen Kumpels unten durch. Von »Voll das Mädchen, der Typ« bis hin zu »Der ist wohl schwul« würden die Sprüche reichen, die ihm um die Ohren flögen. Und dass die Jungs darauf keinen wirklichen Bock haben, ist klar. Also verstecken sie ihre Ängste, Unsicherheiten und »weiblichen Anteile« so gut es geht und halten sich an die blöden Vorurteile, wie Mann und Frau zu sein haben.

Land in Sicht!

Natürlich bleiben diese verschrobenen Männer-Frau-en-Bilder glücklicherweise nicht für immer in den Köpfen der Jungs. Denn es steht nirgendwo geschrieben, dass Jungs nicht auch mal ängstlich oder anlehnungsbedürftig sein dürfen. Allerdings müssen die Jungs dafür erst mal den Mut finden, sich selbst so zu akzeptieren, wie sie sind. Und das ist bei jedem etwas anderes. Der eine ist stärker, der andere größer, der Dritte cleverer, der Vierte besonders charmant, der Fünfte ein Wahnsinnssportler und so weiter.

Dass Jungs also trotz all dieser »männlichen« Attribute auch weibliche Seiten haben dürfen, ohne deshalb ihre Männlichkeit zu verlieren, entdecken die meisten glücklicherweise mit der Zeit selbst. Und dass gerade diese bestimmte »Mischung« ja erst einen richtig tollen Typen ausmacht und vor allem für Mädchen etwas ganz Besonderes ist, begreifen Jungs dann recht schnell. Der Zeitpunkt allerdings, an dem sie anfangen, über dieses »Männlich-weiblich-Problem« nachzudenken, ist bei jedem Einzelnen sehr unterschiedlich und hängt, wie so vieles, von der inneren Uhr ab, die jeder in sich trägt – egal, ob Junge oder Mädchen!

AUF DIE PLÄTZE, FERTIG, LOS!

Fieserweise beginnt die Pubertät, ohne dass ein Junge oder ein Mädchen sie wirklich wahrnimmt. Das liegt daran, dass die ersten Veränderungen tief im Inneren des Körpers stattfinden. Generell kann allerdings davon ausgegangen werden, dass Jungen ungefähr anderthalb bis zwei Jahre später mit dem Pubertätsprogramm beginnen.

Das innere Programm

Der Startschuss zum ultimativen Entwicklungsprogramm wird von der Steuerungszentrale – also dem Gehirn – gegeben. Das ist so wie: Captain Kirk an Scotty: »Voller Schub voraus. Wir müssen die Pubertät anschieben!« Ganz ähnlich passiert es im menschlichen Körper. Ein kleiner Teil des Zwischenhirns, der Hypothalamus, befiehlt seiner Hormonchefin, der Hypophyse, jetzt aber mit Tempo mal ein paar Anschubshormone loszuschicken, damit endlich das Pubertätsprogramm starten kann. Und schon geht's los!

Hilfe, ich wachse!

Zuerst werden Mengen an Wachstumshormonen rausgeschickt. Diese fleißigen Burschen sind – wie der Name schon sagt – natürlich dafür zuständig, dass der Körper im Allgemeinen, besonders aber einzelne Körperteile und -glieder länger und breiter werden. Meist wächst der Körper allerdings nicht immer gleichmäßig. Bei vielen Jungen werden in dieser Zeit die Arme und Beine viel schneller länger als der Rest des Körpers. Das kann ganz schön lustig aussehen. Aber spätestens mit der Bildung der Muskelmasse, die Jungs in größerem Maße als Mädchen aufbauen, passt dann »der ganze Kerl« wieder prima zusammen.

Doch das ist noch nicht alles. Eine weitere Gruppe Hormone schießt los, um die Hoden dazu anzuregen, das männliche Geschlechtshormon Testosteron zu bilden. Dies ist nämlich dafür zuständig, die männlichen Samenzellen, auch Spermien genannt, heranreifen und die Geschlechtsorgane wachsen zu lassen. Das bedeutet, dass die Jungs einen größeren Hodensack bekommen, dass der Penis wächst, die Stimme tiefer wird, Achsel-, Scham- und Barthaare zu sprießen beginnen.

Übrigens, ...

... das Wort Pubertät kommt von dem lateinischen Wort »pubertas« und bedeutet so viel wie »Geschlechtsreife«, also die Tatsache, dass ein Mädchen Mutter und ein Junge Vater werden könnte.

Warum die Jungs ein bisschen später starten als die Mädchen, ist noch nicht wirklich wissenschaftlich ergründet worden. Letztlich ist es auch völlig egal. Hauptsache, es geht überhaupt irgendwann los.

WAR'S DAS?

Natürlich ist das nur der Beginn der Veränderungen. Denn mit dem nun ständig steigenden Testosteronspiegel beginnt zwar für viele Jungs jetzt eine spannende, aber nicht immer stressfreie Zeit.

Ich hab geträumt von dir!

Es geht schon damit los, dass durch die nun vermehrte Samenproduktion im Hodensack einfach nicht genug Platz für alle Spermien vorhanden ist. Also müssen sie »raus« aus dem »Haus«. Deshalb bekommen Jungs so genannte »feuchte Träume«. Denn obwohl sie tief und fest geschlafen haben und sich meist nicht mal mehr an das erinnern können, was im Traum passierte, wachen sie plötzlich mit einem feuchten Fleck im Schlafanzug oder auf der Bettdecke auf.

Um diesen spontanen Samenabgängen zuvorzukommen – und natürlich auch, weil sich jetzt für die meisten Jungs ein ungekanntes Lustgefühl einstellt –, beginnen sie ab diesem Zeitpunkt mit der Selbstbefriedigung. Und um alle verbreiteten blödsinnigen Vorurteile gleich mal vom Tisch zu wischen: Onanieren ist völlig o. k., macht riesig Spaß, hilft der Haut, dem inneren Gleichgewicht und ist **nicht** schädlich. Weder gibt es davon krumme Finger noch macht es blind oder ist es ein Hinweis darauf, dass sich ein Junge nicht für Mädchen interessiert oder mit seiner Freundin keinen Spaß hat.

Boing! Peng!

Obwohl die meisten Jungs schon als kleine Buben immer mal wieder so etwas Ähnliches wie eine Erektion – also eine Versteifung ihres Penis – hatten, bringt diese Nebenerscheinung während der Pubertät so manchen Jungen mächtig ins Schwitzen. Denn plötzlich kommen diese Erektionen ganz unvorhersehbar – und meist natürlich völlig unpassend. Etwa so wie die so genannte »Morgenlatte«, also das versteifte Glied

morgens beim Aufwachen. Schuld daran ist der enorme Testosteronspiegel, der vor allem in den Morgenstunden besonders hoch ist. Aber auch für alle anderen gewollten oder ungewollten Erektionen spielt das Testosteron eine sehr wichtige Rolle.

Deshalb kann auch am Tage der »kleine Mann« plötzlich ganz steif werden, bloß weil die Blase drückt. Und natürlich lassen auch die schönen Tagträume von dem süßen Mädchen aus der Nachbarklasse nicht lange auf eine Erektion warten. Gerade am Anfang der Pubertät kommt es so natürlich zu superpeinlichen Situationen. Vor allem, wenn andere Jungs oder – noch schlimmer – andere Mädchen, merken, dass ein Junge einen »Steifen« oder einen »Ständer« hat, wie es umgangssprachlich heißt. Glücklicherweise pendeln sich aber diese unregelmäßigen Hormonschübe mit der Zeit ein.

Meiner ist größer als deiner

Ein weiterer wichtiger Punkt für Jungs während der Pubertät ist die Größe ihres »besten Stückes«. Es gibt kein anderes Körperteil, über das sich Jungs so viele Sorgen und Gedanken machen. Das liegt daran, dass Jungs häufig glauben, »ihrer« wäre kleiner als der aller anderen. Denn schließlich gilt ein großer Penis als besonders männlich und von den Mädchen heiß begehrt. Noch so ein blödes Vorurteil, was natürlich völliger Unsinn ist.

NEIN, DAS WAR'S NOCH NICHT!

Noch mehr Testosteron. Leider ist dieses Hormon auch für ein paar unangenehme Nebenwirkungen zuständig: Pickel oder gar Akne haben hier ihren Ursprung. Durch die plötzlich vermehrte Ausschüttung dieses Hormons spielen die Talgdrüsen unter der Hautoberfläche verrückt. Sie produzieren so viel Fett, dass die Poren verstopfen und sich entzünden. Glücklicherweise pendelt sich der Hormonspiegel aber im Laufe der Zeit wieder ein und damit verschwinden die Pickel dann auch meist von selbst.

Turbulenzen der Gefühle

Auch die wahre Achterbahnfahrt der Gefühle ist eine weitere lästige Begleiterscheinung von Testosteron. Viele Jungs schwanken ständig zwischen Stimmungstiefs und Kraftausbrüchen. Gerade in dieser Zeit ist es besonders schwierig, mit anderen Jungs auszukommen. Deshalb ist es auch nicht verwunderlich, dass gerade jetzt viele Sandkastenfreundschaften auseinander brechen und sich neue Jungscliquen bilden.
Denn nicht jeder Junge ist auf dem gleichen Entwicklungsstand wie der andere. Und während der eine noch mit Steinschleuder und Kompass durch den Stadtwald zieht, träumt der andere schon von wilden Partys und nackten Mädchen. Deshalb suchen sich Jungs zu diesem Zeitpunkt Freunde, die in etwa ihrem Entwicklungsstand und ihren Interessen gleichen.

Das Hirn ist schuld!

Neben all den Auswirkungen, für die die Hormone verantwortlich sind, gibt es aber auch im Gehirn noch einige weitere Baustellen, die für Gefühlschaos und Lebenslaunen zuständig sind. Amerikanische und kanadische Forscher haben die Gehirnentwicklung bei

1 000 Jugendlichen vor, während und nach der Pubertät vermessen, beobachtet und durchleuchtet. Und sie haben herausgefunden: Das Teenagerhirn gleicht einer Baustelle und entwickelt sich – anders als angenommen – bis ins frühe Erwachsenenalter hinein. Denn die Nervenbahnen, die für die Gefühle verantwortlich sind, bekommen erst mit Abschluss der Pubertät eine Art Schutzschicht. Mit anderen Worten: Bis dahin liegen die Nerven also blank. Kein Wunder, dass da Gefühlschaos an der Tagesordnung ist.

Auf Schleuderkurs

Während der Pubertät ebenfalls außer Gleichgewicht gesetzt ist das so genannte »limbische System«. Es ist verantwortlich für Gefühle wie Lust, Ärger, Wut, Angst und Liebe. Auch dieses System pendelt sich im Laufe der Pubertät wieder ein, aber bis dahin müssen Jungs irgendwie mit all ihren verschiedenen Emotionen leben. Und im Gegensatz zu gleichaltrigen Mädchen, die sich viel mehr Gefühle erlauben (dürfen), bleibt den Jungs meist nur eine begrenzte Anzahl an Möglichkeiten, wie sie mit ihren Emotionen umgehen können. Wichtig ist hier vor allem, dass es »männliche« Ausdrucksweisen sind, derer sie sich bedienen. Deshalb fallen die meisten Jungs durch Aggressionen, Witze und asoziales Verhalten auf.

Anschluss halten!

Aber obwohl die meisten Jungs sich in diesem Entwicklungsstadium nicht gerade wie der Traumprinz benehmen, kann es sich allemal lohnen, einen gewissen Kontakt zu ihnen zu pflegen. Denn auch wenn die Geschichte vom Froschkönig nur ein Märchen ist, in fast jedem Jungen steckt auch ein kleiner Prinz. Nur: Um das herauszufinden, brauchst du eine gehörige Portion Geduld, ein gewisses Interesse, ein Quäntchen Zuneigung und – vor allem – sehr viel Humor!

ZUR SACHE, SCHÄTZCHEN!

Besonders am Anfang der Pubertät finden die meisten Jungs »Weiber« einfach nur doof. Allerdings ändert sich diese Einstellung mehr oder weniger plötzlich, wenn Jungs ihre Sexualität entdecken. Und dann sind Mädchen mit einem Mal gar nicht mehr so blöd oder zickig. Allerdings merken viele Jungs dann auch, dass sie ganz schön wenig Ahnung von den Mädchen und ihrer weiblichen Lust haben.

Sex muss sein!

Hört sich komisch an? Ist – ganz nüchtern betrachtet – aber so. Und zwar aus dem einfachen Grund, damit Mann und Frau Kinder zeugen und somit das Fortbestehen der gesamten Menschheit sichern. Das hat die Natur bei uns allen so eingerichtet. Dieser Fortpflanzungstrieb ist deshalb bei Jungen und Mädchen gleichermaßen vorhanden.

Allerdings gibt es noch eine andere Form von Sexualität. Das ist die, die Mädchen und Jungen ab einem bestimmten Zeitpunkt gemeinsam erleben wollen. Denn diese Form von körperlichem Miteinander bietet die Möglichkeit, Nähe, tiefe Gefühle, Lust und Intimität zu erleben. Und zwar in einer Weise, die einmalig ist. Deshalb kann Sex auch sehr viel mehr bedeuten als nur miteinander zu schlafen. Muss aber nicht. Denn Sex ist auch ohne Liebe möglich und Liebe kann auch ohne Sex entbrennen. Aber Liebe und Sex im Doppelpack ist sicher das Sahnehäubchen des menschlichen Miteinanders.

Hey, Hasi!

Klar, da haben wir sie wieder: die Angeber, Protzer und Prahlhanseln. Wenn du den Jungs mal zuhörst, was sie scheinbar schon so alles erlebt haben, wird dir wahrscheinlich angst und bange. So und so viele Mädchen haben sie angeblich schon rumgekriegt, den unglaublichsten Sex erlebt und so weiter. Dass Jungs allerdings weit mehr über Autos und Fußball wissen als über Mädchen, würdest du nach diesen Sprüchen kaum vermuten. Aber es ist so: Aus reiner Unsicherheit und vor allem, um diese nicht zu zeigen, machen Jungs das, was sie wirklich gut können: Sie verstecken sich hinter einer coolen Fassade und protzen.

Die Unsicherheit über das Wie, Wann, Wo und Überhaupt ist jedoch bei beiden Geschlechtern vorhanden. Und natürlich sind die vielen Klischees und Gerüchte, die einem überall um die Ohren gehauen werden, auch nicht gerade förderlich. »Männer brauchen Sex!« »Männer wollen immer!« oder »Es gibt nichts Wichtigeres für Männer als Sex!« sind Sprüche, die dir nicht wirklich weiterhelfen. Aber auch den Jungs ergeht es nicht besser. »Mädchen wollen starke Typen!«, »Er muss groß, muskulös und irre gut aussehend sein!« oder »Mädchen stehen auf große Pimmel!« – alles Phrasen, die bei den Jungs die Runde machen. Klar, dass sich da keiner sicher fühlt und durchaus zwiespältige Gefühle hat. Also denke immer daran: Auch Jungs sind beim Thema Sex erst mal nur ganz gewöhnliche, durchaus liebenswerte, sogar schüchterne und meistens auch liebevolle Lebewesen.

Streicheleinheiten

Der Weg bis zum »ersten Mal« kann auch für einen Jungen ganz schön weit sein. Denn es gehört eine ordentliche Portion Mut dazu, sich und seinen Körper so weit zu offenbaren, dass ein Geschlechtsakt vollzogen werden kann. Deshalb ist Petting eine wirklich tolle Möglichkeit, Sexualität Schritt für Schritt auszuprobieren und seinen eigenen sowie den anderen Körper genauer kennen zu lernen. Streicheln und gestreichelt werden – ob angezogen oder nackt – ist eine wunderbare und vor allem stressfreie Möglichkeit, den anderen zu entdecken. Sicher wird dies bei einem Jungen die Phantasie über das Miteinanderschlafen besonders anregen. Aber er muss sich nicht festlegen. Und das ist vor allem deshalb für Jungs so wichtig, weil eine gewisse Versagensangst gerade die eher unerfahrenen Jungs doch sehr quält. Aber je mehr sie testen und probieren können, desto sicherer werden sie mit sich selbst und vor allem im Umgang mit Mädchen.

Deshalb ist Petting auch für Jungs total wichtig. Schmusen, herumalbern, anfassen, küssen, kuscheln – all das gehört zum Petting dazu. Doch auch direktere Formen des Liebkosens wie beispielsweise das Streicheln und Küssen von Geschlechtsteilen bis zum Orgasmus können unter dem Wort Petting verstanden werden. Hier sind der Phantasie keine Grenzen gesetzt. Wichtig ist, dass man sich Zeit lässt und nur das tut, was einem auch wirklich gefällt. Ohne Wenn und Aber!

Hautnah!

Genau wie bei Mädchen ist die Haut bei Jungs eine der empfindsamsten Körperpartien. Es gibt natürlich auch noch andere Stellen, die sehr empfindlich sind. Und jeder Mensch hat darüber hinaus ganz bestimmte Lieblingsstellen. Welche also die besonderen Stellen deines Süßen sind, solltest du selbst herauskitzeln. Zu den begehrten Stellen der Jungs gehören sicher die Lippen, der Mund, das Gesicht, die Ohren, die Schultern, der Rücken, aber auch Handflächen, Unterarme, Nacken und Hüften. Die erogenste Stelle ist die, an der jeder Mensch die intensivsten Gefühle hat. Die erogenste Zone der Jungs ist der Penis. Vor allem die

Spitze des Penis, die Eichel, ist sehr sensitiv. Und sogar die Hoden reagieren auf Streicheleinheiten. Doch Vorsicht! Die gesamten Genitalien der Jungs sind sehr empfindlich. Zu festes Anfassen, Kneifen oder Kratzen kann verdammt wehtun. Deshalb solltest du dich langsam herantasten und darauf Acht geben, was deinem Freund gefällt. Das gilt natürlich auch umgekehrt. Auch Mädchen genießen Streicheleinheiten ungemein. Wenn es dir gefällt und du es wirklich möchtest, dann lass auch ihn deinen Körper erkunden und ertasten. Aber immer nur so weit, wie es dir auch wirklich angenehm ist.

Offene Worte

Vor lauter Entdeckerdrang kann es schon mal passieren, dass dein Freund etwas mit dir macht, was dir so gar nicht gefällt. Dann ist es ganz wichtig, dass du das auch zeigst und sagst. Stillhalten aus Angst, du könntest den Jungen dadurch verlieren, wäre ein großer Fehler. Denn wenn irgendwas in eurer gemeinsamen Sexualität nicht stimmt, hat eure Beziehung auf Dauer sowieso keine Chance. Deshalb ist hier Offenheit angebracht. Vielleicht ist es dir unangenehm, wie er dich berührt, dann sag es ihm! Wenn du ihm eine Gefühle offen mitteilst und ihm vielleicht sogar noch einen guten Tipp gibst, was dir viel besser gefällt, wird sicher nicht gleich die ganze Stimmung dahin sein.

Das erste Mal

Falls du jemals geglaubt hast, nur Mädchen hätten einen Riesenbammel vor dem ersten Mal, bist du voll auf dem Holzweg. »Was passiert da eigentlich?«, »Werde ich auch alles richtig machen?« sind nur ein paar der Fragen, die den Jungs mächtig zusetzen. Und obwohl die meisten Jungs sich dieses Erlebnis mindestens genauso romantisch vorstellen wie Mädchen, ist es doch häufig ganz anders. »Ich weiß auch nicht

mehr genau, wie es dazu kam« oder »Es ist plötzlich
einfach so passiert« sind die häufigsten Aussagen derer, die ihre »Unschuld« verloren haben. Und was alle
sagen: Es war zwar ganz o. k., aber es ist doch sehr viel
schöner, wenn man in seine Partnerin so richtig verliebt ist.

JETZT WIRD'S ABER ZEIT!

Das richtige Timing zu finden, ist nicht immer ganz
einfach. Vielleicht hat ein Junge gerade keine Freundin, oder er ist einfach nicht richtig verliebt. Vielleicht
will auch seine Freundin einfach noch keinen Sex.
Wann also der richtige Zeitpunkt ist, hängt von vielen
verschiedenen Faktoren ab. Manche Jungen wollen
schon sehr früh Sex, andere fühlen sich eher noch unsicher und warten lieber noch ein Weilchen. Doch was
alle Jungs sich wünschen: Das erste Erlebnis sollte
etwas Besonderes sein. Um eins mal ganz klar zu stellen: Es ist eher selten, dass dieses erste Mal ganz besonders toll ist. Denn auch Sex und das Empfinden
der eigenen sexuellen Wünsche und der des anderen
will gelernt sein. Jeder Mensch reagiert anders und
mit seinem eigenen Tempo. Und während Jungs in null
Komma nichts einen Orgasmus bekommen können,
läuft bei Mädchen meist erst mal ein
ganz anderer Film ab. Deshalb sollte es beim ersten Mal auch
nicht in erster Linie um
sexuelle Höhepunkte ge-
hen, sondern vielmehr
um das gemeinsame
Erlebnis. Zärtlich
sein, Streicheln,
Lust bekommen
und zusammen den
Körper erforschen
ist eine wunderbare Sache. Und dabei so
weit zu gehen und mit einem anderen Körper zu verschmelzen ist ein besonderes
Erlebnis: Denn es bedeutet das Ende der
Unschuld. Und die verliert man eben
nur einmal im Leben.

UNBEDINGT BEACHTEN

Das richtige Gespür

Wenn man sich endlich für einen netten Jungen entschieden hat, will man auch möglichst lange viel Freude an ihm haben. Damit das auch so reibungslos wie möglich läuft, muss man sich jedoch kümmern.

DAS JA!
DAS ABER NICHT!

Was erwarten die Jungs eigentlich von den Mädchen, wenn sie in einer festen Beziehung sind? Und was können sie überhaupt gar nicht leiden? Hier gibt's ein paar Tipps, Tricks und Hinweise, was man tun und was man lieber lassen sollte.

Das ist Jungs wichtig!

Ich vertraue dir!

Vertrauen und Treue – das ist den Jungs, wenn sie mit einem Mädchen zusammen sind, superwichtig. Denn wenn es sie mal richtig erwischt hat, dann wollen sie die absolute Nummer eins sein. Allein der Gedanke daran, seine Flamme könnte mit einem anderen Kerl rummachen, ist für verliebte Jungs einfach unerträglich. Sie wollen jemanden, auf den sie sich verlassen können. Jungs vertrauen ihrem Schatz auch Geheimnisse an und legen dann großen Wert darauf, dass diese gut aufgehoben sind. Eine Plaudertasche ist in einem solchen Fall genau das, was Jungs nicht brauchen. Manchmal sicher ein kleines Problem für Mädchen, denn man tauscht sich doch so gerne untereinander aus ...

Eine glückliche Interessengemeinschaft

Das passt einfach: Was gibt es Schöneres, als gemeinsame Interessen zu haben? Wenn man dieselben Hobbys hat, steigt der Spaß- und Wohlfühlfaktor in der Beziehung steil nach oben. Jungs finden es total cool, wenn sie ihre Leidenschaften mit der Liebsten teilen können. Vielleicht fährt er wahnsinnig gerne Snowboard oder Kart, sie aber nicht. Sie entschließt sich jedoch trotzdem, mal mit ihm mitzufahren, es einfach auszuprobieren. Und siehe da: Es macht ihr riesig

Spaß. Nun gut, natürlich sollte man nicht krampfhaft versuchen – wenn überhaupt kein Interesse besteht – sich auf Teufel komm raus für etwas zu begeistern, denn das geht häufig in die Hose. Aber in den meisten Fällen findet sich da schon was, und so bleibt die Beziehung immer in Schwung.

Spaß muss sein

Einfach nur Spaß haben, rumalbern und Unsinn machen: Jungs wollen – wie Mädchen auch – einen Partner zum Pferdestehlen. Denn neben all der Ernsthaftigkeit einer Beziehung darf der Spaß auf gar keinen Fall zu kurz kommen. So eine ordentliche Kissenschlacht, sich gegenseitig mit Süßigkeiten füttern oder einfach nur gemeinsam über Gott und die Welt lachen – das sorgt für gute Laune!

Was für eine Ausstrahlung!

Und da ist natürlich noch das, worauf sicher jeder Junge in gewisser Weise Wert legt: das Aussehen! Da sie Augen im Kopf haben, gebrauchen sie diese auch. Und von optischen Reizen lassen sie sich nur allzu gerne beeinflussen.

Allerdings geht es ihnen dabei nicht ausschließlich um Äußerlichkeiten – auf die gesamte Ausstrahlung kommt es an! Angefangen vom Lächeln, den Augen, dem besonderen Charme bis hin zum Gang eines Mädchens – es gibt so viele Dinge, die einem Jungen gefallen können. Also – auch wenn das Aussehen eine wichtige Rolle spielt – letztendlich ist nicht nur die äußere Hülle entscheidend.

Nimm mich so, wie ich bin!

Viele Jungs wünschen sich eine verständnisvolle Freundin. Sie wollen einfach nur, dass sie so akzeptiert werden, wie sie sind. Am allerliebsten gleich mit allen Macken und Fehlern – das ist natürlich sehr schwierig und muss nicht unbedingt sein. Aber zumindest sollte nicht gleich an jeder Kleinigkeit rumgenörgelt werden. Dabei ist es einem Jungen sehr wichtig, dass sie seine Kumpels akzeptiert – auch wenn sie diese Kerle absolut nicht ausstehen kann. Aber es sind nun mal seine Freunde – und er braucht sie.

Das Thema Nummer eins

An dem Vorurteil »Jungs denken immer nur an das eine« ist wahrlich was dran. Na ja – sie denken bestimmt nicht immer nur ausschließlich daran. Aber oft – immer öfter mit Sicherheit. Und da ist es nicht weiter verwunderlich, dass Sex in einer Beziehung wichtig ist. Jungs wünschen sich eine Partnerin, mit der sie ihre Sexualität gemeinsam ausleben können. Aber um herauszufinden, was beiden gefällt, dafür gibt es kein Patentrezept. Das braucht seine Zeit: Beide müssen es einfach ausprobieren und herausfinden, was am meis-

ten Spaß macht. Wichtig ist dabei nur, dass niemand zu etwas gedrängt wird, was ihm unangenehm ist. Gerade wenn ein Mädchen einen älteren Freund hat – die Entscheidung wann und wie weit sie gehen will, sollte ganz alleine bei ihr liegen.

Zeit für Zärtlichkeit
Auch wenn die meisten Jungs nicht so aussehen und man es von ihnen gar nicht erwarten würde: Auch sie sehnen sich nach Zärtlichkeit und Geborgenheit. Tief im Inneren steckt nämlich in manchen von ihnen ein kleiner, süßer Schmusebär, der nur darauf wartet, geknuddelt zu werden. Allerdings ist er nicht immer zum Kuscheln aufgelegt, und dann sollte man ihn lieber in Ruhe lassen – sonst wird er schnell zum Grummelbär ...

Das nervt Jungs!

»Alte Quasseltante!«
Für viele Jungs ist es ein Rätsel, worüber Mädchen mit ihrer besten Freundin stundenlang reden können. Besonders beim Telefonieren nehmen sich viele Mädchen gerne ausgiebig Zeit. Das verstehen Jungs einfach nicht und reagieren deshalb öfter mal etwas überempfindlich. Manchmal auch zu Recht – denn wenn er sie anrufen will und es ertönt drei Stunden lang das wunderschöne Besetztzeichen, weil sie ihrer Freundin die brandheißesten Neuigkeiten verkündet, dann kommt wahrlich keine Freude auf.

Kleine und große »Klammeräffchen«
Für Mädchen ist das manchmal schwer zu verstehen, aber viele Jungs möchten ihr Leben trotz einer festen Beziehung so weiterleben wie bisher. Für viele Mädchen dreht sich das ganze Leben um den festen Freund. Das ist manchen Jungs einfach zu viel, und sie fühlen sich eingeengt. Auch kann es passieren, dass sich der Junge gegenüber seinen Kumpels blöd vorkommt – nach dem Motto: »Stehst du schon so unterm Pantoffel?« Wenn Jungs dieses Thema ansprechen,

denken viele Mädchen, dass er sie nicht mehr so sehr liebt. Doch das stimmt nicht. Jungen wollen eben nur gleichberechtigt neben der Beziehung noch ihre anderen Interessen wahren. Viele Jungs beschweren sich deshalb, dass Mädchen zu schnell und zu viel klammern. Also – einfach ein bisschen loslassen und wieder mehr selber unternehmen. Und keine Sorge: Es gibt auch mehr als genug »männliche Klammeraffen«.

Ich bin so dick – Mann!

Jetzt kommt's ganz dick: Auf den weiblichen Schlankheitstick fahren die Jungs überhaupt nicht ab. Die ewige Unzufriedenheit mit dem Aussehen und der Figur kann Jungs ganz schön nerven. Auch wenn sie eine gute Figur hat – der Spruch »Ich bin zu dick« scheint zum Grundwortschatz der meisten Mädchen zu gehören. Die äußere Hülle spielt zwar sicher eine Rolle – aber letztendlich kommt es auf die Ausstrahlung an!

Das solltest du lieber lassen:

✽ Ihn jeden Tag dreimal anrufen.
✽ Ihn bei jedem Treffen fragen, ob er dich wirklich noch toll findet.
✽ Über seine Freunde herziehen.
✽ Seinen besten Freund als Idioten bezeichnen.
✽ Ihn im Detail darüber ausfragen, was er mit seinen Freunden gemacht hat.
✽ Ihm eine Szene machen, wenn er ein anderes Mädchen ansieht.
✽ Den Versuch starten, ihn so hinzudrehen, wie du es für richtig hältst.
✽ Bei jedem Treffen besonders viel Schminke im Gesicht haben.
✽ Dir auf dem Klo zu zweit mit deiner Freundin richtig viel Zeit lassen, wenn er auf dich wartet.
✽ Ihn vor seinen Kumpels wegen einer Kleinigkeit so richtig anmeckern.

Lautes Kreischen, Gackern, Lachen

Da haut es den Jungs die Ohren weg: Einige Mädchen drehen bei der Lautstärke ihres Lachens gerne ordentlich auf. Und im Kino, wenn Brad Pitt auf der Leinwand erscheint, können sich manche Mädchen das Kreischen nicht verkneifen. Da verdrehen die Jungs sehr gerne die Augen.

Zickenalarm!

Wenn's um Zicken geht, verstehen die Jungs absolut keinen Spaß. Die Zicke ziert sich, sobald es lustig wird. An einem heißen Sommerabend noch im See schwimmen gehen – nein danke, die Frisur könnte darunter leiden! Mal spontan einen Ausflug machen – geht nicht, denn ohne das komplette Schminkzeug kommt das gar nicht in die Tüte.

»Einen richtigen Freund hat man fürs Leben«

Der beste Freund ist einem Jungen superwichtig. Auf den sollte man nie eifersüchtig sein, denn der ist immer außer Konkurrenz. Er braucht ihn – genau wie du deine beste Freundin brauchst.

WENN'S MAL KRACHT

Harmonieschwankungen

Nun hast du zwar einen guten Überblick über die Funktionsweise der Jungs. Schwierig könnte es aber werden, wenn es hakt. Auch für diesen Fall gibt's jedoch zahlreiche Tipps und Tricks – und, um es schon mal vorwegzunehmen: Es ist völlig normal, dass ein Junge mal bockt und ihr miteinander Stress habt.

WAS IST, WENN ER BOCKT?

Es ist leider nicht wie in den schönen Hollywood-Filmen, in denen sich das Liebespaar streitet, danach aber sofort wieder in die Arme schließt und innig küsst: So, als wäre nichts gewesen. Kurz gesagt: Friede, Freude, Eierkuchen in wenigen Sekunden gibt's nicht.

Die Realität sieht anders aus. Kleine Störungen können schon mal vorkommen. Und solange sie sich beheben lassen – was soll's! Also, keine Panik, so ein bisschen Zoff gehört dazu. Er darf nur nicht zur Gewohnheit werden. Du verlierst deinen Freund sicher nicht gleich wegen einer kleinen Auseinandersetzung.

Es gibt viele Dinge, über die man sich in einer Beziehung streiten kann. Angefangen von Unstimmigkeiten darüber, wer entscheidet, zu welcher Party man geht, bis hin zum unterschiedlichen Musikgeschmack: Immer wieder passt irgendetwas dem anderen nicht in den Kram. Auch unterschiedliche Meinungen über einen Kumpel oder eine gute Freundin können schnell zum Auslöser eines kleinen oder gar großen Konflikts werden.

Manchmal aber reagieren beide einfach nur etwas überreizt, weil sie schlecht drauf sind. Vielleicht haben sie einen absolut miesen Tag hinter sich, an dem alles schief gelaufen ist. Manchmal können Jungs aber auch ganz ohne Grund beleidigt sein.

Was Jungs auf die Palme bringt!

❊ Die Freundin kommt zu spät zum Date!

❊ Noch schlimmer: Sie vergisst das Date einfach!!!

❊ Sie ruiniert aus Versehen mit ihrem pinkfarbenen Lippenstift sein Lieblingshemd.

❊ Eigentlich meint sie es nur gut und schafft Ordnung in seinem Zimmer. Allerdings hat sie seine neue Spiele-CD-ROM so gut aufgeräumt, dass sie unauffindbar ist.

❊ Sie trifft sich heimlich mit einem anderen Kerl!

❊ Noch krasser: Sie knutscht vor seinen Augen mit einem wildfremden Typen!!!

❊ Sie plaudert mit ihrer Freundin über sein letztes Missgeschick, z. B. einen lustigen Versprecher. Irgendwann weiß es die ganze Clique – und dann ist das Gelächter groß!

❊ Sie nimmt ihre Freundinnen mit ins Kino.

❊ Sie erinnert ihn an seine schimpfende Mutter, weil sie ihn immer darauf hinweist, gesünder zu essen, die Hausaufgaben zu machen, sich schicker anzuziehen etc.

❊ Er ist krank und sie bemuttert ihn nicht.

Gegenmaßnahmen

Schimpfen, motzen, abhauen. Wenn's mal so richtig kracht, können Jungs ganz schön stinkig werden. Ihre Trotzreaktionen haben es wahrlich in sich. Hier gibt's einen Einblick in das Grummelrepertoire der Jungs, und was du tun kannst, damit er vom Schmollkurs wieder auf Schmusekurs geht.

»MIT DIR REDE ICH KEIN WORT MEHR!«

Au weh! Der ist aber beleidigt. Vor lauter Wut hat es ihm die Stimme verschlagen. Auch der Gesichtsausdruck macht es deutlich: Er will einfach keinen Ton mehr von sich geben. Eine typische Grummelreaktion, die nicht nur bei Jungs – sondern auch bei Mädchen – sehr häufig auftritt, wenn sie bocken.

Was du dagegen tun kannst:
Mitleid: Schau ihn mit einem liebevollen Mitleidsblick an. So kannst du ihn erweichen und wieder zum Sprechen bringen.
Lächeln: Sag ihm ein paar nette Sachen oder einen seiner Kosenamen. Mit einem lieben Lächeln vertreibst du den grummeligen Ausdruck aus seinem Gesicht. Spätestens dann fängt er auch wieder an, sich mit dir zu unterhalten.
Stille: Setz dich neben ihn und sag selber auch keinen Ton mehr. Schau ihm einfach nur tief in die Augen. Irgendwann muss er ja doch wieder irgendwas sagen.

»JETZT HAU ICH HAB!«

Auf und davon! Zumindest für kurze Zeit ist er spurlos verschwunden. Tür auf, Junge raus, Tür zu: Das war wohl alles etwas zu viel für ihn. Besonders wenn sie so richtig sauer sind oder ihnen die Argumente ausgehen, ergreifen manche Jungs die Flucht. Zugegeben: Auch viele Mädchen greifen auf diese Schmollmethode zurück.

Was du dagegen tun kannst:
Abwarten und Tee trinken: Ihn gehen lassen und einfach warten. Meistens beruhigt er sich und kommt ganz alleine wieder zurück.

Im Sauseschritt: Du läufst ihm so schnell du kannst hinterher. Manchmal laufen Jungs nämlich absichtlich weg, weil sie wollen, dass ihnen das Mädchen hinterhereilt. Das solltest du aber nicht zu oft machen, schließlich hast du es nicht nötig, ihm ständig hinterherzulaufen.

»DA PLATZT MIR GLEICH DER KRAGEN!«

Immer schön ruhig bleiben! Dieses Motto nehmen sich nur die wenigsten Jungs zu Herzen. Wenn sie so richtig wütend sind, dann können sie sich meistens nicht mehr beherrschen. Dann werden sie auch gerne mal laut und machen selbst mexikanischen Brüllaffen Konkurrenz.

Was du dagegen tun kannst:
Ohren zu und durch! Du lässt ihn mal richtig ausbrüllen. In der Regel hält dieser Zustand nicht allzu lange an, da ihm irgendwann die Puste ausgeht und er sich langsam wieder beruhigt.
Have a break! Du verlässt kurz unter einem Vorwand das Zimmer. Damit verschaffst du dir Zeit, in der dein Freund sich alleine austoben kann. Nach einiger Zeit wird er wieder etwas ruhiger.

Jungs sind wie ...
... Pickel. Je mehr du davon hast, desto schwieriger wird's, sie wieder loszuwerden!
... Handschellen. Immer gleich eingeschnappt!
... Obst. Lässt man sie liegen, werden sie stinkig!
... Waschmaschinen. Wenn man sie ärgert, drehen sie durch!
... Milch. Lässt man sie stehen, werden sie sauer!
... Schnee. Kaum macht man sie heiß, schmelzen sie dahin!

»TYPISCH MÄDCHEN!«

Auch ein beliebtes Mittel der Jungs, um ihren Unmut zu äußern. Dabei ziehen sie fast alles ins Lächerliche und reagieren absolut zynisch. Sie hören gar nicht richtig zu und lassen nur dumme Sprüche los.

Was du dagegen tun kannst:
Sehr interessant: Du hörst ihm gespannt zu und schaust, was ihm so alles einfällt. Lass ihn einfach erst mal reden, denn irgendwann wird es auch ihm zu blöd. Dann kann er vielleicht wieder vernünftig mit dir diskutieren.
Typisch Junge! Warte ab, bis der Grummler sich wieder etwas beruhigt hat und mach du mal die dummen Sprüche. Konfrontiere ihn (natürlich übertrieben) mit seinen »Typisch-Jungs-Eigenschaften«.

Du siehst, ein bisschen Humor gehört bei aller Ernsthaftigkeit dazu. Es gibt leider kein Patentrezept, wie du einen wütenden Jungen wieder beruhigen kannst. Und es existiert auch keine mathematische Formel, mit der sich das Verhalten des Jungen berechnen ließe. Jeder Junge ist einzigartig und reagiert anders auf deine Versuche. Allerdings gibt es ein paar Dinge, die du beachten solltest. Dies gilt sowohl für Mädchen als auch für Jungs. Und ganz wichtig: Geht es um unterschiedliche Ansichten oder Verhaltensweisen, solltest du grundsätzlich davon ausgehen, dass zu einem Streit mindestens zwei gehören.

Streittipps

1 Am Besten, man hört erst mal zu, was der andere zu sagen hat. Erst wenn du verstehst, was er meint, solltest du ihm eine Antwort geben.

2 Verallgemeinerungen kommen gar nicht gut: Behaupte zum Beispiel niemals »Du bist ja immer so!« oder »Immer dasselbe mit dir!«. Das lässt sich schnell widerlegen und ihr kommt von der eigentlich wichtigen Sache – eurem Problem – ab.

3 Sag ihm, was und wie du fühlst – was dich ärgert. Eine konkrete Aussage ist wichtig, damit dein Freund versteht, was dich gestört hat.

4 Vermeide Beleidigungen! Worte können sehr verletzend sein und alles nur noch schlimmer machen.

5 Hat dein Freund wirklich Mist gebaut und bittet dich ehrlich um Entschuldigung, vergibst du dir nichts, wenn du ihm verzeihst.

6 Hast du den Fehler gemacht, gib ihn auch zu! So imponierst du, statt noch mehr Ärger zu riskieren.

7 Starke Sache, wenn du den ersten Schritt zur Versöhnung machen kannst.

Wenn der eine nicht will, können zwei nicht miteinander streiten.

Spanisches Sprichwort

Es ist also absolut kein Weltuntergang, wenn es mal richtig kracht. Ein temperamentvoller Schlagabtausch untereinander kann wie ein reinigendes Gewitter wirken – ihr seht nachher wieder klar, und die Gefühle sind im Gleichgewicht.

KOMMUNIKATIONS-STÖRUNGEN

Jungs denken und fühlen nicht nur anders, sie sprechen auch eine andere Sprache. Dass damit Verständigungsschwierigkeiten zwischen Mädchen und Jungs vorprogrammiert sind, liegt auf der Zunge. Mit ein bisschen Übung und dem ultimativen Übersetzungsführer kannst du bald richtig »mitreden«.

Was ist denn jetzt los?

Gerade eben wart ihr noch das Traumpaar schlechthin, und im nächsten Augenblick herrscht tiefstes Schweigen zwischen euch? Egal, was er sagt, du verstehst nur Bahnhof. Behauptet er jedenfalls. Vielleicht ist es aber auch gar nicht möglich, ihn richtig zu verstehen. Einfach, weil er ein Junge ist. Aber die Sprache der Jungs ist gar nicht so schwer zu entschlüsseln, wenn du erst den richtigen Zugangscode kennst.

JUNGS UND GEFÜHLE

Ein heikles Thema, vor allem für Jungs. Deshalb verschanzen sie sich auch supergerne hinter besonders coolen Sprüchen, wenn's um Gefühle geht. Dass du trotzdem hinter die Fassade blickst und einiges über seine Emotionen herausfinden kannst, zeigen die folgenden Beispiele.

1. Szene

Du hast gestern auf einer Party einen total süßen Jungen aus der Klasse über dir kennen gelernt. Ihr habt Händchen gehalten und euch tief in die Augen geschaut. Heute in der Schule ist er kälter als ein Eisberg und ein Lächeln hat er auch nicht übrig für dich. In der Pause nimmst du dir ein Herz und fragst ihn, was denn los ist.

Er sagt: Bin nur ein bisschen kaputt. War 'ne klasse Party gestern.
Er meint: Es war klasse, dass ich dich kennen gelernt habe. Aber irgendwie weiß ich nicht, wie ich mich heute verhalten soll. Vielleicht hast du es ja gar nicht ernst gemeint.

2. Szene

Schon seit längerem hast du ein Auge auf einen echt schnuckeligen Typen geworfen, der irgendwo in deiner Nachbarschaft wohnen muss. Um ihm näher zu kommen, gehst du öfter auf den Bolzplatz bei euch. Und beim letzten Mal hattest du Glück, er hat dich angesprochen.

Er sagt: Was hängst du denn schon wieder hier rum?
Er meint: Schön, dich zu sehen.

3. Szene

Du bist mit deiner Freundin nachmittags oft in eurer Lieblingseisdiele. Dabei fällt dir ein Junge auf, der auch oft dort rumhängt und immer wieder Blickkontakt mit dir sucht. Als du dich am Tresen anstellst, um eine weitere Eistüte zu bestellen, steht er plötzlich hinter dir.

Er sagt: Ist die Tussi da deine Freundin?
Er meint: Die scheint ja ganz nett zu sein, aber kann ich dich nicht mal alleine treffen?

Unsicherheit ist der häufigste Grund, warum sich Jungs manchmal richtig schroff verhalten oder viel kühler und abweisender als bei eurem letzten Treffen. Werde nicht gleich panisch, wenn er mal einen Gang zurückschaltet oder ein bisschen mackerhaft daherkommt. Bleibe einfach freundlich und offen, damit dein Traumtyp langsam, aber sicher Vertrauen zu dir aufbauen kann. Denn wenn er merkt, dass du seine Gefühle erwiderst, ohne Druck zu machen, kann er sich ganz entspannt auf euer Kennenlernen einlassen.

JUNGS UND FREUNDE

Bei dem Thema Kumpels können Jungs schon mal recht sprachlos werden. Bohrenden Fragen nach dem Wieso, Weshalb, Warum wird allzu gerne mit komischen Blicken und hilflosen Gesten ausgewichen. Wie du aber trotzdem Antworten auf deine Fragen bekommst, erfährst du in den folgenden Beispielen.

1. Szene

Dein neuer Schwarm ist supersüß und ein absoluter Skateboardfan. Kaum siehst du ihn, ist er auch schon mit seiner Skaterclique an dir vorbeigeflitzt. Irgendwie hast du das Gefühl, er interessiert sich nur für dieses Hobby und nicht für dich. Du fragst ihn, ob Skateboarden wirklich so toll ist.

Er sagt: Klar, skaten macht voll fett Spaß!
Er meint: Hey, wenn's dich interessiert, zeige ich dir, wie's geht.

2. Szene

Eine gute Freundin hat zu einer Party eingeladen. Natürlich freust du dich schon riesig und erzählst deinem Freund davon. Schließlich geht ihr da zusammen hin, oder?

Er sagt: Die Jungs wollen auch hingehen.
Er meint: Ich würde gerne mit meinen Kumpels dahin gehen. Wir treffen uns dann dort.

3. Szene

Beim letzten Fußballspiel seiner Vereinsmannschaft war dein Auserwählter der absolute Torschützenkönig. Du hast das ganze Spiel über zugeschaut und seine Mannschaft heftig angefeuert. Nach dem Spiel hast du dich auf einen kuscheligen Abend gefreut, um seinen Sieg so richtig schön zu feiern. Aber er lehnt deine Einladung ab.

Er sagt: Vielleicht schau ich später noch vorbei.
Er meint: Wow, supertolle Idee. Aber erst muss ich mal mit meinen Kumpels feiern. Die haben mir ja schließlich zum Torschützenkönig verholfen.

Es ist egal, welchem Hobby oder welcher Jungsclique dein Freund sein Herz geschenkt hat. Er liebt beides auf jeden Fall mit großer Leidenschaft. Und das ist auch wichtig für ihn. Denn nur, wenn ein Junge sich körperlich so richtig austoben kann und seinen Platz in einer Gemeinschaft von Jungs gefunden hat, geht es ihm auch innerlich richtig gut. Und so kommst du in den Genuss eines entspannten und ausgelassenen Jungen, der dich für diese Freiheiten besonders lieben wird.

Welche Sprache sprichst du?

Natürlich ergibt sich zwangsläufig die Frage, ob Jungs die Mädchen richtig verstehen, wenn die Mädchen manchmal Schwierigkeiten haben, die Sprache der Jungs zu entschlüsseln. Nur machen Jungs meist kein großes Aufhebens davon, wenn sie mal was nicht kapieren. Sie lassen dann einfach die Finger von dem Thema oder denken sich ihren Teil dazu. So können natürlich Missverständnisse aufkommen, die durch ein offenes Wort allerdings auch genauso schnell wieder aus der Welt zu schaffen sind.

Was Jungs Mädchen nie sagen würden, ...

✱ … dass sie eine andere kennen gelernt haben.

✱ … dass sie fremdgegangen sind.

✱ … dass ihre »Miss Zuckersüß« zugenommen hat.

✱ … dass sie nur mit ihr zusammen sind, weil sie so gut aussieht.

✱ … dass sie das neue Mädchen aus der Nachbarklasse viel hübscher finden.

✱ … dass sie zu viel Parfüm benutzt.

✱ … dass ihr der neue Lippenstift nicht steht.

✱ … dass ihre Küsse zu nass sind.

✱ … dass er sich nackte Frauen im Internet anschaut.

✱ … dass er volkstümliche Schlager hört.

✱ … dass er einen Playboy unterm Bett hat.

Was Mädchen lieber für sich behalten, ...

✳ ... dass er nicht küssen kann.
✳ ... dass sie seine Mutter blöd findet.
✳ ... dass er ruhig mal öfter duschen könnte.
✳ ... dass sein Haarschnitt doof aussieht.
✳ ... dass sie seinen besten Freund toll findet.
✳ ... dass sie gerne mal Groupie wäre.
✳ ... dass sie mit ihrer liebsten Freundin lang und breit über sein bestes Stück diskutiert hat.

Wie du siehst, haben beide Seiten ihre kleinen »Geheimnisse«, über die niemand gerne viele Worte macht. Und vielleicht ist das auch ganz o.k. so. Denn gerade den Menschen, der einem sehr am Herzen liegt, möchte niemand durch Worte unnötig verletzen oder bloßstellen. Und solange es bei solchen Beispielen bleibt, wie du sie hier gelesen hast, ist auch alles in Ordnung. Allerdings sollte jeder Probleme ansprechen, die ihm wirklich nahe gehen. Denn da hilft kein Wenn und Aber – wenn dich eine Eigenschaft oder eine bestimmte Handlung wirklich stresst oder betrübt, können nur offene Worte eine wirkliche Klärung herbeiführen. Und dann macht das Zusammensein auch gleich noch mal so viel Spaß.

RISIKEN

Von Jägern und Racheengeln

Egal, ob Junge oder Mädchen: Keiner wird gern abgewiesen oder freut sich über einen Korb. Und wenn man bald so viele davon bekommen hat, dass man eine wahre Korbsammlung anlegen könnte, hört der Spaß auf.

KEIN ANSCHLUSS UNTER DIESER NUMMER

Wie reagieren Jungs eigentlich darauf, wenn sie bei ihrer »Miss Genau-mein-Geschmack« einfach nicht landen können? Zugegeben – einige ziehen sich zurück und nehmen den Korb mit nach Hause. Andere wiederum geben nicht so leicht auf.

Das hat sicher auch ein bisschen mit dem noch vorhandenen Jagdtrieb der Männer zu tun. Denn schon in der Steinzeit waren sie Jäger – und wenn sie erfolglos ohne Beute nach Hause kamen, war der Teufel los. Dieser Jagdinstinkt hat sich irgendwie vererbt und wird auch heute noch vielen männlichen Wesen in die Wiege gelegt.

Eroberer

Es gibt zahlreiche Möglichkeiten für den modernen Jungen von heute, seine Angebetete doch noch rumzukriegen. Bei den Tricks, die sie sich dabei einfallen lassen, können manche Jungs wahrlich zu kreativer Höchstform auflaufen.

AM BALL BLEIBEN UND BAGGERN

Die gute alte Masche: Mit Hartnäckigkeit ans Ziel. Dabei greifen die Jungs auf eine breite Palette von Baggermethoden zu. Einige versuchen es mit übertriebener Hilfsbereitschaft: Da kann es schon mal passieren, dass der Entflammte bei den Hausaufgaben oder beim Abfragen helfen will. Schön und gut, aber wenn er in seinem absoluten Null-Check-Fach sein Wissen teilen will, kann der Schuss schon mal nach hinten losgehen. Aber zumindest ist ein guter Wille da – und dann vielleicht ja auch ein Weg zu ihrem Herzen.

Andere wiederum werden spendabel wie nie: Mit ausgefallenen kleinen oder sogar großen Geschenken wollen sie die Dame ihres Herzens erobern. Von selbst gemalten Bildern bis hin zum riesigen Kuschelteddy – erlaubt ist alles, was gefällt. Eigentlich auch nicht schlecht – wenn er sich so viel Mühe gibt, könnte man sich ja zumindest mal mit ihm verabreden.

SPRICH DU DOCH NOCH MAL MIT IHR

Viele Jungs sind nach einer ersten Abfuhr so geknickt, dass sie sich selbst gar nicht mehr unter die Augen ihrer Flamme trauen. Aber was soll ein schüchterner Junge tun? Na klar, er schickt seinen besten Freund oder, besser noch, eine enge Freundin seiner »Miss Zuckersüß« vor. Die können ja noch mal so richtig toll Werbung machen und sagen, wie toll er doch eigentlich ist. Dabei sollen sie ihr auch noch klarmachen, dass dieser Korb eine grobe Fehlentscheidung war und sie es sich doch noch mal überlegen sollte. Eine sympathische Taktik – allerdings ist die ganze Sache ziemlich abhängig vom Verhandlungsgeschick der Person, die ausgesandt wird: Wenn die dann nämlich auch noch Sprüche loslässt wie »Ach komm, versuch's doch einfach mal« (während du aber genau auf die wirklich große Liebe warten willst) oder »Ich sag's dir: Bei dem hast du eh keine Chance und außerdem ist der doof, untreu …« (ausgerechnet über den Jungen, den du dir für die Zukunft ausgesucht hast!), dann ist der Ofen meist verständlicherweise noch sehr viel früher aus!

SIEHST DU — ICH KANN DOCH JEDE HABEN

Eine ziemlich krumme Tour, aber die Jungs wollen dabei eigentlich nur um jeden Preis die Aufmerksamkeit ihrer »Miss Ich-will-unbedingt-mit-dir-Gehen« erhaschen. Dabei hält der Junge vor den Augen seiner Flamme ein anderes Mädchen im Arm oder lässt sie bei sich auf dem Schoß sitzen. Denn er meint natürlich, dass er mit seiner Eifersuchtsmasche landen kann. Doch wenn Mädchen das sehen, winken sie sein nächstes Angebot natürlich meist dankend ab.

ICH BIN SO SCHÖN, ICH BIN SO TOLL, ICH BIN ...

Ja, so ist das: Diese Masche ist bei den Jungs sehr beliebt. Da sie oft Probleme haben, ihre wahren Gefühle zu zeigen, verstecken sie ihre Unsicherheit gerne hinter einer coolen Fassade: Sie versuchen, den Superlässigen zu spielen und mit »mackerhaftem« Verhalten auf sich aufmerksam zu machen. Da kann es dann auch einmal passieren, dass rüde Worte wie »Jetzt komm, stell dich nicht so an!« oder »Also du bist vielleicht eine Zicke!« fallen. Dann heißt es: Nur nicht zu persönlich nehmen – er meint es nicht ernst. Ob diese Taktik allerdings bei Mädchen wirklich zieht, ist natürlich mehr als fraglich.

ZUR RICHTIGEN ZEIT AM RICHTIGEN ORT

Eine eher schüchterne Tour – der Junge traut sich nicht wirklich, das Mädchen noch einmal direkt anzusprechen. Er will den absolut richtigen Zeitpunkt abwarten. Aber manchmal kann das Jahre dauern, und dann ist es meistens zu spät. Die Masche dabei: Der Junge folgt seinem Schwarm ganz »unauffällig« und heftet sich wagemutig an ihre Fersen.
Da wird es dann des Öfteren passieren, dass sie beim Einkauf im Supermarkt plötzlich hinter dem Berg aus Konservendosen den »Verfolger« entdeckt. Und – ups: Jeden Morgen in der U-Bahn steigt er in dasselbe Abteil ein. Er wagt vielleicht sogar mal einen unschuldigen Blick, aber er will ja den richtigen Augenblick zum Ansprechen abwarten. Tja – und neulich im Café mit der besten Freundin sieht sie am Nebentisch ganz »zufällig« denselben Typen schon wieder.

Präsenz zeigen hat für ihn den klaren Vorteil, dass er das Mädchen so nie aus den Augen verliert. Dann vergisst sie ihn wenigstens nicht so schnell und denkt sich vielleicht: »Wenn er sich schon so viel Mühe gibt, könnte man ihm ja eine Chance geben.« Allerdings wird man als Junge deshalb allzu oft als Nervensäge abgestempelt. Problematisch wird es auch, wenn die Angebetete in einen weit entfernten Ort umzieht. Dann heißt es: einpacken und aufgeben oder ein Jahresticket bei der Bahn reservieren.

Viele Mädchen finden es toll, wenn sich ein Junge so viel Mühe gibt. Es schmeichelt ihnen ungemein – und selbst wenn wirklich kein Interesse besteht, so stärkt es doch ungemein das Selbstbewusstsein.

Die Sprüche der Jungs

Ganz klar, dass Mädchen sich auch über eine nette SMS auf ihrem Handy freuen. Hier ein paar Beispiele, was sich Jungs selbst an schönen Texten einfallen lassen, um Mädchen zu imponieren:

* EIN BLICK VON DIR, UND DIE SONNE LACHT, EIN LÄCHELN VON DIR, DAS FEUER ENTFACHT, ACH WÄRST DU JETZT BLOSS BEI MIR, EINEN KUSS SENDE ICH DIR.

* JEDER HAT SO SEINE SCHWÄCHE, UND ICH GLAUBE, MEINE BIST DU!

* ICH WÜNSCHTE, ICH WÄRE DEIN KUSCHELTIER, DANN WÄRE ICH JEDE NACHT BEI DIR, DEINE SÜSSE HAUT BERÜHREN, DAS KLOPFEN DEINES HERZENS SPÜREN!

* ES GIBT VIELE REGENTAGE IM JAHR. RUF ALSO AN, WENN DU EINEN SCHIRM BRAUCHST.

* IN DER NÄHE, IN DER FERNE, DENKT EIN KLEINES HERZ AN DICH. HAT DICH WIRKLICH FURCHTBAR GERNE, DENKT DAS DEINE AUCH AN MICH?

* ICH SITZE HIER, GANZ ALLEIN, WIE KANN MAN NUR SO EINSAM SEIN. SCHICKE EINE SMS ZU DIR UND HOFFE, DU KOMMST SCHNELL ZU MIR.

* SIEHST DU DEN MOND NICHT FÜR UNS LACHEN, SO TRÄUM VON UNS NUR SCHÖNE SACHEN. GUTE NACHT!

* GOTT ERSCHUF DREI LICHTER, EINES FÜR DEN TAG, EINES FÜR DIE NACHT, ABER DAS SCHÖNSTE LICHT LEGTE ER IN DEINE AUGEN!!!

* GUTEN MORGEN, DIE SONNE LACHT IN DEIN GESICHT. WIE HAST DU DENN DIE NACHT VERBRACHT? EIN KUSS ZUM SONNENSCHEIN IST NUN DEIN.

* BUSSI BUSSI BUSSI BUSSI BUSSI BUSSI BUSSI BUSSI BUSSI BUSSI BUSSI BUSSI BUSSI

RACHE!

Jungs probieren es mit allen möglichen Varianten, um bei den Mädchen zu landen. Doch was passiert eigentlich, wenn selbst das hartnäckigste Umgarnen und die dauerhaftesten Anmachversuche auf taube Ohren stoßen? Oh Mann! Dann ist aber echt was los. Dann heißt es für einige Jungs: Rache! Und auch auf diesem Gebiet können viele Jungs ganz schön gemein sein.

DU BIST EINFACH NUR LUFT FÜR MICH

Gar nicht nett, aber oft wahr: Viele Jungs sind so beleidigt, dass sie ihre vor wenigen Minuten noch angebetete Schönheit komplett ignorieren. Er sagt ihr nicht einmal im Vorbeigehen »Hallo«. Noch besser: Er schaut sie gar nicht erst an. Na ja, was soll's – auch ein Junge darf schließlich schmollen, oder?

MODERNE KOMMUNIKATION MACHT'S MÖGLICH

Auch die neueste Technik machen sich die Jungs bei ihren Racheaktionen zu Nutze. Da platzt der Speicher für Kurzmitteilungen auf ihrem Handy schnell aus allen Nähten, wenn alle fünf Minuten eine SMS von einem Unbekannten ankommt. Und auch vor gemeinen E-Mails schrecken manche Jungs nicht zurück.

DIE KLASSIKER

Die Streiche, mit denen sich schon die Väter und Großväter an den Mädchen gerächt haben, werden auch heute noch gerne praktiziert. Die Luft am Fahrrad rauslassen, einen Kaugummi unter den Stuhl kleben oder mit einem Strohhalm-Blasrohr Papierkügelchen abschießen – um nur einige der zahlreichen Aktionen zu nennen. Auch immer noch sehr beliebt: anrufen und einfach auflegen!

DIE IST DOCH SO WAS VON DOOF

Was die Jungs sowieso gut drauf haben, ist das Ablästern. Und wenn sie beleidigt sind, dann werden sie zu wahren Meistern ihres Fachs. Sie lästern über das Mädchen ab, was das Zeug hält, und posaunen ihre vermeintlichen Schwachstellen heraus. Dabei wird natürlich auch gerne maßlos übertrieben: Das Aussehen wird ohne Grund schlecht gemacht, und eine Zicke ist sie sowieso.

DA SCHAUST DU ABER!

Bei dieser hinterhältigen Tour kommt das Mädchen aus dem Staunen gar nicht mehr heraus: Da versucht der Kerl doch glatt, deine allerbeste Freundin anzumachen. Die Erfolgschancen gehen zwar gegen null, denn gute Freundinnen halten in der Regel zusammen, aber allein der Versuch haut den stärksten Elefanten um.

Jungs haben jede Menge fieser Ideen auf Lager, um sich zu rächen. Das darf man einfach nicht zu ernst nehmen. Und irgendwann geht ihnen die Puste aus und die Gemeinheiten hören von ganz alleine auf. Auch wenn es eine Zeit lang nervt – bald wirst du wieder deine geliebte (oder ungeliebte) Ruhe haben.

RACHE!

GEWUSST WO ...

... gewusst wie!

Natürlich kannst du darauf warten, dass dein großer Schwarm dich eines schönen Tages von sich aus anspricht. Vielleicht, weil er deine schmachtenden Blicke bemerkt hat oder sein bester Freund ihn auf dich aufmerksam macht. Oder aber du hilfst dem Zufall ein bisschen auf die Sprünge und machst dich selbst aktiv auf die Suche nach den Jungs.

»ÖRTLICHKEITEN«

Leider ist es im richtigen Leben nicht ganz so einfach wie im Film: Da lernt man sich – hopplahopp – im Supermarkt kennen, in der U-Bahn oder auch mal auf der Straße. Doch das ist in der Realität meist etwas schwieriger. Deshalb ist das »Gewusst wo« schon mal der erste Schritt in die richtige Richtung. Im Klartext: Wenn du die richtigen Orte kennst, ist der Rest nur noch ein Klacks. Und mit dem richtigen Spruch auf den Lippen oder einem strahlenden Lächeln eroberst du deinen Auserwählten im Handumdrehen.

JUGENDHAUS

Party pur oder einfach nur abhängen – im Jugendhaus oder Freizeitheim ist immer was los. Klar, dass das auch Jungs gemerkt haben. Deshalb kannst du hier besonders gut auf Jungenfang gehen. Und sei es am Kicker oder auf der Tanzfläche, in der Teestube oder im Gruppenraum – hier findest du kleine wie große Gruppen an Jungs. Und jede Menge Möglichkeiten, mit deinem Traumtyp ins Gespräch zu kommen.

SCHWIMMBAD

Ob Freibad oder Schwimmhalle, Baggersee oder Erlebnisbad – an diesen Orten gehst du auf der Suche nach Jungs bestimmt nicht baden. Denn hier können sie sich so richtig austoben. Und beim Kraulen und Turmspringen zeigen, was in

ihnen steckt. Klar, dass es bei so viel Aktion und Ge-
wühl nicht besonders schwer ist, mit einer Wasser-
ratte ins Gespräch zu kommen und dir dabei deinen
eigenen Goldfisch zu angeln.

KARTBAHN

Auch ohne gültigen Führerschein – hier kannst du so
richtig Gas geben! Denn auf der Kartbahn kommen
Jungs voll in Fahrt. Und du in den Genuss, ihre Fahr-
künste und Wettkämpfe ordentlich zu bejubeln. Lass
dich nicht von der Lautstärke abschrecken (und schon
gar nicht von der Tatsache, dass auf vielen Kart-
bahnen ein Erwachsener mit dabei sein muss). Auf der
anschließenden Siegesfeier hast du umso mehr Gele-
genheit, dem »Rennpiloten« deiner Wahl schnell näher zu kommen.

SPORTVEREIN

Auch wenn du nicht selbst Fußball spielst – im Sport-verein hast du zahlreiche Möglichkeiten, auf ganze Horden von Jungs zu stoßen. Denn ob beim Volley-ball, beim Breakdance oder an der Kletterwand, überall kannst du auf hilfsbereite Sportasse tref-fen, die dir nur allzu gerne mit Rat und Tat zur Seite stehen. Und dir bei der anschließenden Cola sicher noch gerne sehr viel mehr über ihr Können erzählen.

HALFPIPE & SKATEPARKS

Krasse Sprünge, wilde Stunts – auf der Half-pipe brennt die Luft. Coole Typen, lässige Outfits und harte Hip-Hop-Beats sind hier angesagt. Diese Funparks sind sicher nichts für kuschelige Stunden und romantische Verabredungen. Wenn dich diese Szene aber reizt, kannst du auch hier deinem Traum-tänzer rasch näher kommen. Ob nun als Ers-te-Hilfe-Schwester oder Start-Up-Queen – deiner Phantasie sind keine Grenzen ge-setzt. Und er wird sicher gern bei dir vor-beispringen.

INTERNETCAFÉ

Der Cyberspace ist ihr Universum. In den unendlichen Weiten des Internets sind sie zu Hause. Ob Online- oder Multiplayer-Games, es wird in die Tasten gehauen, dass es nur so kracht. Das Internetcafé ist sicher nur etwas für Kommunikationsprofis, denn hier ist es nicht so leicht, ins Gespräch zu kommen. Aber mit einer kleinen List gelingt es sicher. Denn deine Fragen nach dem coolsten Chat und den spannendsten Websites wird Mr. Cyberboy si-cher nicht unbeantwortet lassen. So kann er mit seinem Wissen glänzen und du mit deiner neuen Eroberung.

WIE SAG ICH'S NUR?

Es ist manchmal gar nicht so einfach, den richtigen Spruch zur richtigen Zeit auf den Lippen zu haben. Vor allem, wenn man seinen Schwarm noch nicht kennt. Allerdings gibt es eine Reihe an witzigen und lockeren Sprüchen, mit denen ein Erstkontakt zum Kinderspiel wird. Vorausgesetzt, dein Gegenüber ist kein echter Griesgram oder Supermacho. Aber auf die kannst du ja sowieso gut verzichten!

So klappt's

1 Wenn er gerade gehen will: »Hast du nicht was vergessen?« – Er: »Was denn?« – Sie: »Na, mich!«

2 »Glaubst du an Liebe auf den ersten Blick – oder soll ich noch mal reinkommen?«

3 »Hey, du warst in der letzten Folge von GZSZ einfach großartig!«

4 »Könnte ich nicht der Grund für deine schlaflosen Nächte sein?«

5 »Ich habe meine Telefonnummer verlegt. Kann ich wohl deine haben?«

FLIRTEN LEICHT GEMACHT!

Flirten ist einfach wunderbar. Es ist wie ein aufregendes Spiel mit überschaubarem Einsatz. Denn wirklich viel verlieren kann man bei einem Flirt nicht. Höchstens ein strahlendes Lächeln oder einen tiefen Blick. Mehr passiert allerdings nicht, wenn dein Gegenüber vielleicht gerade keine Lust zum Flirten hat. Und im Gegensatz zu einem ernsthaften Annäherungsversuch ist ein Flirt eine Aktion ohne ein bestimmtes Ziel. Der Flirt entsteht aus dem Moment heraus. Er ist weder geplant noch von langer Hand vorbereitet. Deshalb ist es auch schwierig, sich einen Flirt fest vorzunehmen. Und genau das macht den besonderen Reiz des Flirtens aus: Ein einziger Augenblick, ein fröhliches Lächeln, ein strahlender Blick – und schon steckst du mitten drin.

Allerdings gibt es beim Flirten, so wie bei allen anderen Spielen auch, klare Regeln und echte Tabus. Klar muss man sich nicht immer hundertprozentig an alle Vorgaben halten. Wichtig ist jedoch, dass alle Mitspieler die gleichen Regeln haben. Wenn du also die eine oder andere »Spielvariante« bevorzugst, lass es einfach deinen Mitspieler wissen. Dann kommt es auch nicht zu peinlichen oder unangenehmen Missverständnissen.

DIE WICHTIGSTEN FLIRTREGELN

* Was aus einem Flirt wird, ist völlig offen!
* Egal, ob Junge oder Mädchen – jeder kann den ersten »Zug« machen.
* Flirten ist ein Spiel – und kein Wettkampf!
* Flirten kann jeder – und mit jedem, egal wie groß, klein, alt oder jung jemand ist.
* Ein Flirt kann nicht erzwungen werden!

Natürlich muss nicht jeder Flirtversuch auch gleich gelingen. Vielleicht ist dein Gegenüber ein eher schüchterner Typ, dem dieses Spiel nicht sonderlich behagt. Oder vielleicht ist er einfach nur schlecht drauf, weil die Mathearbeit voll daneben ging. Es ist auf jeden Fall überhaupt kein Drama, wenn ein Flirt mal nicht zu Stande kommt. Es gibt jedoch auch echte Don'ts – Sachen, die du unbedingt lassen solltest und die einen gerade erst beginnenden Flirt zum kompletten Desaster werden lassen können.

Flirt-Todsünden

* Über eigene Probleme reden
* Sich selbst klein und schlecht machen
* Von eigenen Misserfolgen berichten
* Total direkte Fragen stellen
* Zickenhaftes Benehmen
* Andere schlecht machen oder über sie lachen
* Verkrampft cooles Auftreten
* Alkohol
* Superschlaue Sprüche klopfen
* Von dem Verflossenen sprechen
* Ernste, schwierige Themen erörtern
* Schlüpfrige oder sexistische Reden
* Ihn auf seine Pickel aufmerksam machen
* Ausschließlich von sich selbst reden

So flirtest du auf der Siegerstraße

* Du solltest dich selbst gut leiden können und dich in deiner Haut wohl fühlen.
* Zieh Klamotten an, in denen du dich gut fühlst.
* Style dich so, wie du dir am besten gefällst.
* Sei nicht hochnäsig.
* Schau deinem Gegenüber immer offen ins Gesicht.
* Sei nicht aufdringlich und starre nicht.
* Verlass dich auf dein Bauchgefühl.
* Sei einfach ganz du selbst.
* Versuche nicht übertrieben witzig zu sein.
* Wenn dir mal keine Antwort einfällt, dann sag's einfach gerade heraus.
* Höre deinem Gegenüber gut zu.
* Sei nicht enttäuscht, wenn aus dem Flirt nicht mehr wird – denn der nächste kommt bestimmt.

Klar, dass beim Flirten viele verschiedene Typen mitspielen können. Das macht es natürlich noch spannender. Aber es erhöht auch das Risiko, mal nicht ins Schwarze zu treffen und nur einen »Trostpreis« zu bekommen. Mach dir aber nichts draus, denn schließlich spielst du ja um des Spielens willen. Allerdings ist es gar nicht so schwer, die verschiedenen Flirttypen zu erkennen. Und mit der richtigen Strategie wickelst du sie spielend um den Finger.

Flirttypen

DER COOLE

Gefühle zeigen ist nicht gerade seine Stärke. Dafür hat er stets einen lässigen Spruch auf den Lippen, trägt hippe Klamotten und weiß immer, was gerade voll angesagt ist. Er gibt sich gerne ein bisschen geheimnisvoll und tut recht überlegen.

Die beste Strategie: Lass dich nicht von seiner coolen Art blenden. Denn meist steckt nur eine gehörige Portion Unsicherheit hinter dieser Tour. Am besten gehst du offen und freundlich auf ihn zu. Ein kleines Lächeln hier, ein tiefer Blick da – und das alles schön wohl dosiert – und schon hängt er an deiner Angel. Vermeide es, ihn zu bedrängen oder auf Teufel komm raus anzuflirten. Wenn du ihm allerdings dein Interesse ganz sanft vermittelst, kann er seine coole Fassade aufrecht erhalten und dann auch den ersten Schritt tun.

DER SCHÖNLING

Die Fönwelle sitzt perfekt, und kein noch so dreistes Härchen konnte dem strengen Blick des Schönlings entkommen. Seine Zähne sind weißer als Porzellan, seine Haut hat die Farbe von flüssigem Gold, und die Konturen seines Körpers erinnern dich an eine griechische Statue. Mädchen umschwirren ihn wie Fliegen das Licht, und selbst die spießige Englischlehrerin bekommt plötzlich ganz rosige Wangen, wenn er sie um Hilfe bittet.

Die beste Strategie: Wer ständig so viel Aufmerksamkeit bekommt, gewöhnt sich selbstverständlich schnell daran. Und verliert damit auch meist rasch das Interesse. Klar, dass du diesem »Mister Wonderful« am ehesten auffällst, wenn du dich anders als alle anderen verhältst. Die Reihe schreiender Groupies gehört zu seinem normalen Tagespensum. Aber jemand, der kein offensichtliches Interesse an ihm hat, wird ihm sofort auffallen. Und schwer zu schaffen machen. Damit seine Welt also wieder rundläuft, wird ihn sein Ehrgeiz packen und dir direkt in die Arme treiben.

DER SPORTFREAK

Der Sportplatz ist sein Zuhause. Die 1000-Meter-Bahn sein Frühsportprogramm. Selbst am Stufenbarren gelingen ihm mühelos die kompliziertesten Übungen. Kein Gewicht ist ihm zu schwer, keine Distanz zu weit. Er sammelt Medaillen wie andere Spielzeugautos. Und mit seinen vielen Ehrenurkunden könnte er spielend sein Zimmer tapezieren.

Die beste Strategie: Wenn für dich das Motto »Sport ist Mord« gilt, solltest du dir diesen Flirt besser gleich aus dem Kopf schlagen. Denn ein gewisses Sportinteresse musst du schon mitbringen, wenn du mit dem Mister »Sport-ist-mein-Leben« außer tiefen Blicken auch noch ein

paar Worte wechseln willst. Denn bei einem wirklichen Sportfreak bleibt kaum Zeit für andere Dinge. Deshalb wird ihm am ehesten das Mädchen aus der ersten Tribünenreihe auffallen, das keines seiner Spiele versäumt und sämtlichen seiner sportlichen Darbietungen kräftig Applaus spendiert. Und wenn du bei der anschließenden Siegesfeier auch noch freiwillig Cola ausschenkst, wird sein Flirtversuch sicher nicht lange auf sich warten lassen.

DER.. SCHÜCHTERNE

Eigentlich sieht er ganz gut aus. Outfit und Body sind auch o. k. Wenn er sich unbeobachtet fühlt, kann er plötzlich sogar witzig und lustig sein. Er geht freundschaftlich mit seinen Kumpels um und wird selbst ohne coole Sprüche in der Clique voll akzeptiert. Nur der Umgang mit dem anderen Geschlecht scheint ihn komplett aus der Bahn zu werfen. Plötzlich fängt er zu stottern an und wird rot wie eine Tomate.

Die beste Strategie: Am besten wählst du diesen Flirttyp nur dann, wenn du in der nächsten Zeit nicht besonders viel vorhast. Denn um dieses schüchterne Exemplar in einen heißen Flirt zu verwickeln, brauchst du ein wenig Geduld. Hier gilt: Der stete Tropfen höhlt den Stein. Zeig ihm dein Interesse ruhig, aber nicht zu direkt. Das würde ihn glatt überfordern. Vor allem aber lass nicht nach, ihm deine Beachtung immer und immer wieder zu zeigen. Damit gewinnt er mit der Zeit Vertrauen zu dir und wird dir deine Ausdauer mit einem spannenden Flirt danken.

WENN'S NICHT MEHR PASST

Schluss machen, aber wie?

Es war sein Lächeln,
sein Körper, seine sanfte Stimme:
Es war Liebe auf den ersten Blick.
Es war eine Zeit voller Zärtlichkeit,
Romantik und Spaß. Doch ganz plötzlich
ist es nicht mehr so, wie es einmal war.
Immer deutlicher spürst du, dass die
brennende Leidenschaft allmählich
immer schwächer wird ...

SCHLUSS MIT LUSTIG

Wenn man merkt, dass einer Beziehung die Luft ausgeht, weiß man meist nicht, wie man sich verhalten soll. Doch auch das gehört zu den Erfahrungen, die man im Laufe seines Lebens macht. So schlimm es auch im Moment erscheinen mag – manchmal ist eben leider Schluss. Wie sieht es also mit dem »Umtauschrecht« aus? Wie du den Knaben im (Not-)Fall wieder loswirst und dabei so wenig Schaden wie möglich anrichtest, erfährst du auf den folgenden Seiten.

Die Luft ist raus

Es ist wahrlich kein schönes Gefühl, wenn man merkt, dass man für seinen festen Freund nicht mehr so viel empfindet, während er noch immer auf Wolke sieben schwebt. Einen Schlussstrich ziehen – so einfach ist das nicht, denn schließlich hat dir dieser Junge einmal sehr viel bedeutet. Natürlich stellt sich so ein Zustand nicht von heute auf morgen ein. Anfangs übersieht man die schleichenden Veränderungen lieber – aus Bequemlichkeit und aus Angst vor eben diesem Ende.

Noch vor wenigen Tagen hättest du am liebsten alles mit ihm gemeinsam gemacht und jede freie Minute mit ihm verbracht. Jetzt freust du dich darauf, endlich mal wieder einen ganzen Nachmittag mit deiner Freundin zu verquatschen. Du

willst mal wieder mit einem guten Freund rollerbla-
den und endlich das lang geplante gemeinsame Wo-
chenende mit deinen Freundinnen in Angriff nehmen. Kurz gesagt: Du willst wieder mehr für dich
alleine sein.

Das wäre ja alles kein Problem, denn es ist wichtig, dass man nicht zu sehr klammert und seine
eigenen Hobbys nicht zu kurz kommen lässt.
Aber irgendwie hast du das Gefühl, dass du das
allgemeine Interesse an ihm etwas verlierst
und ihn immer seltener sehen willst. Du spürst,
dass die Schmetterlinge in deinem Bauch allmählich flügellahm werden. Das gewisse
Prickeln wird schwächer und die Küsse verlieren an Leidenschaft. Du reagierst ihm
gegenüber ziemlich überreizt, und jeder kleine Fehler, den er macht, nervt dich total.

Tag der Entscheidung

Wenn du merkst, dass die Luft raus ist, solltest du dir Gedanken darüber machen, ob er der Richtige ist. Wichtig ist, dass du dir sicher bist, dass du dich wirklich von ihm trennen willst. Nichts wäre deinem Freund gegenüber unfairer, als sich aus einer schlechten Laune heraus oder wegen einer Kleinigkeit gegen ihn zu entscheiden. Das Beste in so einem Fall ist: Erst mal einen klaren Kopf bekommen.

Merkst du, dass es nicht mehr weitergeht, dann bleibt nur die Ehrlichkeit. Schiebe deine Entscheidung nicht zu lange hinaus. Fass dir ein Herz und verabrede dich mit ihm an einem möglichst neutralen Ort, an dem ihr beide ungestört seid – zum Beispiel bei einem Spaziergang im Park oder in einer stillen Ecke eines Cafés.

WIE SAG ICH'S IHM BLOSS?

✳ Vermeide es, vor den Augen seiner Kumpels oder deiner Freundinnen mit ihm Schluss zu machen. Denn er würde es als totale Blamage ansehen. Wenn du ihn als Menschen gerne magst und eure gemeinsame Zeit genossen hast, dann sag ihm auch das Positive.

✳ Sag ihm aber auch, dass die Gefühle, die du für ihn empfindest, für eine Beziehung nicht (mehr) ausreichen. Dabei solltest du auf gar keinen Fall gleich mit der Tür ins Haus fallen. Versuche behutsam vorzugehen und erkläre ihm vorsichtig, dass du ihm keine Liebe vorgaukeln möchtest. Reib ihm nicht jedes Detail, das dich an ihm nervt, unter die Nase. Um die Schmerzen kommst du nicht herum und du kannst sie ihm auch nicht ersparen. Aber es ist superwichtig, dass euer Trennungsgespräch fair verläuft. Hilf ihm, sein Gesicht zu wahren.

✳ Mache ihm keine ungerechten Vorwürfe und erspare ihm Schuldzuweisungen. Sprich lieber von dir und davon, was du empfindest. Gefühle können sich ändern, ohne dass jemand etwas dafür kann. Mach ihm oder euch im Nachhinein nicht alles kaputt, was einmal schön war. Sage ihm, dass ihr eine schöne Zeit hattet, dass eure Beziehung für dich enorm wichtig war, dass du ihm dafür dankbar bist. Manchmal hilft es, in einem solchen Fall alles aufzuschreiben, was du ihm sagen möchtest.

Er lässt nicht locker

Für dich ist der Ofen aus. Aber für deinen Ex nicht. Und wenn du in einer neuen Beziehung glücklich bist, und er will oder kann dies einfach nicht verstehen, dann kann das ganz schön anstrengend sein. Es gibt Jungs, die nicht einsehen wollen, dass »frau« mit ihnen Schluss gemacht hat. Sie rufen ständig an, schreiben regelmäßig Briefe und schicken SMS am laufenden Band. Wenn du das Problem nicht auf die brutale Art lösen willst, bleibt dir nur der Ausweg, ihn auf sanfte Weise zu »vergraulen«. Aus glücklicheren Zeiten kennst du dich mit seinen Schwächen ja aus. Du weißt, was ihm ziemlich auf die Nerven gehen kann. Hasst er es zum Beispiel, wenn du auf den Fingernägeln kaust, dann solltest du in seiner Gegenwart so richtig genüsslich auf deinen Nägeln kauen. Du weißt auch, auf welche Art von Klamotten er überhaupt nicht steht. Genau mit diesem Outfit lässt du dich vor seinen Augen blicken. Dir fallen bestimmt noch eine Menge anderer »netter« Sachen ein, mit denen du ihm gewaltig auf den Sender gehen kannst. Mache konsequent weiter, dann steigen die Chancen, dass du deinen Ex endgültig loswirst.

Was du
nie tun solltest

Bagger nie seinen besten Freund an! Bloß nicht! Von seinem besten Freund solltest du auf jeden Fall die Finger lassen. Damit wirst du dir nur Ärger einhandeln. Deinen Ex würde es sehr verletzen und er denkt vielleicht auch noch, dass du es aus purer Absicht machst.

Der Partyknaller: Das kommt gar nicht gut! Auf einer Party, auf der er mit seinen Kumpels eingeladen ist, wirst du ziemlich sicher nicht viel Spaß haben. Und da kannst du dir sicher sein: An diesem Abend hast du die Garantie für dumme Sprüche gegen dich gepachtet.

»Mann – ist der süß!« Auch keine gute Idee: Du berichtest ihm ausführlich von deinem neuen Schwarm. Selbst wenn ihr gute Freunde bleibt, solltest du ihm nicht schmachtend von deiner neuen Flamme berichten. Denn er würde von ganz alleine Vergleiche zwischen sich selbst und deinem Neuerwerb ziehen. Für ihn noch viel schlimmer: Er erinnert sich, wie toll die Beziehung doch mit dir war. Und schon ist er noch trauriger – und deine Schwärmerei lässt diese Trauer schließlich in Wut umschlagen.

Kleine Geschenke vergisst man nie! Trage am besten nichts mehr mit dir rum, was er dir einmal geschenkt hat. So solltest du zum Beispiel einen Ring von deinem Ex – zumindest in der ersten Zeit nach der Trennung – in einer Schublade verschwinden lassen. Wenn er dich damit sieht, werden für ihn Erinnerungen wach, die ihm sehr wehtun können.

Ende gut – alles gut?

Die Entscheidung liegt bei dir selbst. Aus Mitleid mit ihm zusammenzubleiben – damit ist keinem von euch beiden geholfen. Trotzdem solltest du dir immer vor Augen halten, dass dir dieser Schritt viel leichter fallen wird als ihm. Denn du bist es, die eure Beziehung beendet.

So weh Trennungen auch tun können, so sinnvoll ist es meist, ruhig mehrere Menschen näher kennen zu lernen, bis man erwachsen ist. Eine richtig lang anhaltende Beziehung will auch erst gelernt sein.

Es macht auch wenig Sinn, einer Beziehung ewig hinterherzutrauern. Auch der krampfhafte Versuch, eine neue Beziehung auf Teufel komm raus zu suchen, hat meist nicht viel mit Liebe zu tun und geht in der Regel schief. Lass dir Zeit, denn echte Liebe kann man nicht erzwingen.

Und oft läuft dir dein Traumprinz genau dann über den Weg, wenn du es am allerwenigsten erwartest.

Und außerdem: Es gibt auch ein Leben ohne eine feste Beziehung. Nicht jedes Mädchen möchte unbedingt einen festen Freund haben. Viele genießen ihr Single-Dasein in vollen Zügen. Aber das, was für dich am besten ist, kannst du nur herausfinden, wenn du sowohl gute als auch schlechte Erfahrungen machst.

WENN ER MIT DIR SCHLUSS MACHT ...

Auch wenn für dich momentan die Welt zusammenbricht und du dich absolut elend fühlst, das Leben geht weiter – ganz bestimmt!

Liebeskummer

GOLDENE REGEL:
ZEIT HEILT DIE WUNDEN

Wenn du die schlimmste Phase erst einmal überstanden hast, wirst du sehen, dass der Schmerz allmählich nachlässt. Und dann dauert es nicht mehr lange, und der Launepegel steigt von alleine wieder steil nach oben.

MIT VOLLGAS:
ABLENKUNG MUSS SEIN

Lass es mit deinen Freundinnen so richtig krachen. Mach all das, was du schon immer tun wolltest, wofür du aber bis jetzt zu wenig Zeit hattest.

ALLE MAL HERHÖREN:
ICH HABE EIN PROBLEM

Niemand ist immun gegen Liebeskummer, und eine Schutzimpfung dagegen gibt es auch nicht. Sprich deshalb über dein Problem, egal mit wem: ob mit der besten Freundin, dem besten Freund, Schwester, Bruder, Vater, Mutter, einfach mit allen, die ein offenes Ohr für dich haben. Reden macht vieles leichter.

RAUS DAMIT: LASS DEINEN GEFÜHLEN FREIEN LAUF

Das ganze Unglück der Welt herauszuweinen hilft ungemein. Denn Tränen reinigen die Seele und befreien den Körper von schädlichen Stoffen, die bei Stress gebildet werden. Und bei einer gehörigen Portion Kuschelrock ist das ganz leicht. Wenn deine Trauer in Ärger umschlägt: Wut tut gut! Nimm einfach dein Kopfkissen und schrei nach Leibeskräften rein – es ist dir bestimmt nicht böse.

KNALLHART KALKULIERT: EINER GEHT, DER ANDERE KOMMT

So ist das nun mal. Jetzt heißt es: Alle Erinnerungsstücke an den Ex müssen verschwinden. Und: Auch wenn ihr gute Freunde bleiben wollt – zumindest in der ersten Zeit solltest du den Kontakt mit ihm vermeiden, so schwer das auch fallen mag! Wenn du ganz ehrlich bist, wirst du dir nämlich noch immer (falsche) Hoffnungen machen und dir damit den Weg in eine neue Beziehung verbauen. Denn denk dran: Um die Ecke könnte dein neuer Traumprinz schon auf dich warten ...

DAS DICKE ENDE ?

So – jetzt hast du das »Innenleben« der Jungs vom Anfang bis zum Ende durchgecheckt. Wenn du die vorliegende »Gebrauchsanweisung« sorgfältig durchgelesen hast, dürfte nun nichts mehr schief gehen. Alle Geheimnisse um diese aufregende Spezies sind gelüftet – bis auf die klitzekleinen Eigenheiten, die letztendlich jeden Jungen doch zu etwas ganz Besonderem machen. Damit du bei deiner Kontaktaufnahme aber nicht »feindliches Gebiet« streifst, helfen diese Tipps zu einem Happy End. Und dann kann man nur noch sagen: Programm starten und genießen!

Die sind doch alle gleich!

So ist es nun nicht gerade. Auch wenn du jetzt mit einer ganzen Menge Hintergrundinfos ausgestattet bist, ist eine Enttäuschung (leider) nicht ausgeschlossen. Schließlich ticken Jungs zwar in vielen Bereichen gleich, doch die individuellen Unterschiede machen sie ja erst richtig interessant. So gibt ein Junge vielleicht einen prima Kumpel ab, während der andere für Schmetterlinge im Bauch sorgt. Das liegt wahrscheinlich weniger an ihm als an dir und deinen Erwartungen, die du an einen Freund stellst. So brauchen manche Mädchen einen Jungen an ihrer Seite, mit dem sie sprichwörtlich »Pferde stehlen« und ständig irgendwelche Aktionen durchziehen können, während andere einen ruhenden Pol bevorzugen. Da kann es natürlich sein, dass die Freundinnen anfangen, über den »Langweiler« zu lästern. Gut, dass nur du alleine entscheiden kannst, welcher Junge deinen Ansprüchen gerecht wird. Und: Vielleicht steckt hinter solchen Lästereien einfach nur eine kleine Portion Neid. Weil die Freundinnen sich insgeheim auch einen Freund wünschen, der in der Beziehung seinen »Mann« steht!

Bloß nicht unter Druck setzen lassen!

Deine Freundinnen erzählen in den höchsten Tönen von ihren zahlreichen Erfahrungen beim Flirten? Wer sich hier eher zurückhält, wird schnell komisch angeguckt? Solche Situationen können ganz schön nerven und verleiten oft dazu, dass man sich schnell eine eigene Geschichte rund um die Jungs ausdenkt.

Wichtig ist nur, dass du diesem Druck von außen nicht nachgibst. Genauso, wie sich Gefühle nicht auf Knopfdruck erzeugen lassen, gibt es auch den Traumprinzen nicht auf Bestellung. Du alleine entscheidest, wer und wann!

Stressige Eltern – nein danke

Es gibt sie einfach, Väter und Mütter, die sich gleich einmischen, wenn es um die Auswahl des Freundes geht. Durchsetzen ist angesagt, weil du bei dieser Entscheidung »voll geschäftsfähig« bist und dir nicht einmal deine »Vorgesetzten« in der Familie reinreden dürfen. Das solltest du deinen Eltern immer klarmachen. Am besten funktioniert das, wenn du neben Verantwortungsbewusstsein Entschlossenheit demonstrierst und ihnen erklärst, warum du dich gerade für einen bestimmten Jungen entschieden hast. Zähl seine Vorzüge auf und überzeuge sie davon, dass Ängste unbegründet sind. So befürchten viele Eltern etwa, dass ihre Töchter sich auf Druck des Freundes auf etwas einlassen, wofür sie noch gar nicht bereit sind. Ganz wichtig: Wer sich an Abmachungen hält und beispielsweise Ausgehzeiten nicht überzieht, genießt schnell das volle Vertrauen der Eltern.